VEDOVAMAZZEI

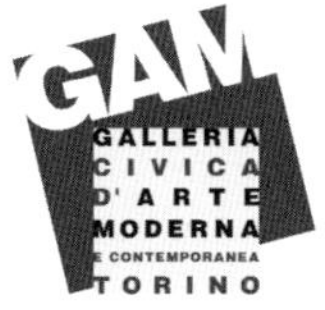

VEDOVAMAZZEI

7 ottobre 2004 - 6 gennaio 2005

GAM - Galleria d'Arte Moderna
e Contemporanea di Torino
Via Magenta 31, Torino

CITTÀ DI TORINO

Sindaco
Sergio Chiamparino

*Assessore alle Risorse e allo
Sviluppo della Cultura*
Fiorenzo Alfieri

Direttore Divisione Servizi Culturali
Renato Cigliuti

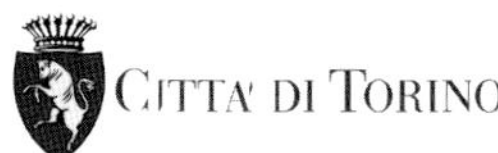

FONDAZIONE TORINO MUSEI

Consiglio Direttivo
Presidente
Giovanna Cattaneo Incisa

Consiglieri
Carlo Callieri
Vincenzino Caramelli
Angelo Chianale
Carla dell'Aquila
Giovanni Ferrero
Fulvio Gianaria
Marziano Marzano
Mario Sicignano

Revisori dei conti
Enrico Stasi *presidente*
Edoardo Aschieri
Nino Bixio
Giandomenico Genta
Sergio Rolando

Segretario Generale
Pier Giovanni Castagnoli

Comitato Scientifico
Enrico Castelnuovo *presidente*
Gilles Beguin
Pier Giovanni Castagnoli
Michela di Macco
Giuseppe Gherpelli
Maria Mimita Lamberti
Maria Grazia Messina
Marcello Pacini
Enrica Pagella

Direttore Amministrativo
Adriano Da Re

GAM
Galleria Civica
d'Arte Moderna
e Contemporanea

Direttore
Pier Giovanni Castagnoli

Vicedirettore
Riccardo Passoni

Conservatore
Virginia Bertone

MOSTRA

Coordinamento
Gregorio Mazzonis

Segreteria
Arianna Bona

Ufficio stampa
Daniela Matteu
con la collaborazione di
Roberta Riassetto

Amministrazione
Carla Rosso

Mailing
Carolina Trucco

Comunicazione
Laura Bosso

Fotografie della mostra
Paolo Pellion

Immagine di comunicazione
Elio Vigna Design

Allestimento
Attitudine Forma

Si ringraziano la galleria
Magazzino d'Arte Moderna, Roma,
Sergio Rossi, Luigi Bonato; e tutti
coloro che hanno reso possibile
questa mostra e hanno collaborato
a vario titolo alla realizzazione del
catalogo.

CATALOGO

Testi
Giacinto Di Pietrantonio
Charlotte Laubard

Traduzioni
Maria Mercedes Kechler, Centre
Culturel Français de Turin
George Frederick Takis
Simon Turner

Crediti fotografici
Aurelio Amendola, Milano
Luca Borrelli, Roma
Luca Carrà, Milano
Maurizio Elia, Torino
Mario Gorni, Milano
Andrea Malizia, Roma
Antonio Maniscalco, Milano
Tommaso Mattina, Torino
Paolo Pellion, Torino
Paolo Vandrash, Milano

Redazione e impaginazione
hopefulmonster, Torino

Fotolito
FB, Torino

Stampa
Garabello Artegrafica,
San Mauro Torinese

ISBN 88-7757-209-4
© 2004 hopefulmonster editore,
Torino
© 2004 GAM, Torino
© 2004 vedovamazzei per le opere;
gli autori per i testi; i fotografi per
le immagini
Printed in Italy

hopefulmonster editore
via Santa Chiara, 30/F
10122 Torino
tel +39.011.4367197
fax +39.011.4369025
www.hopefulmonster.net

VEDOVAMAZZEI

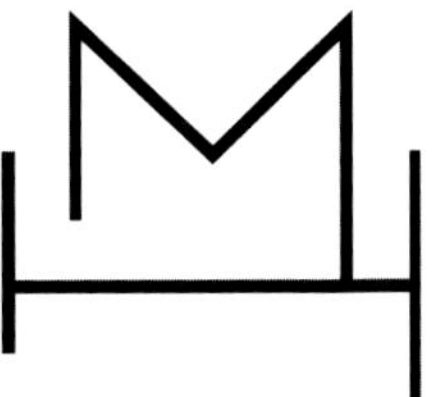

hopefulmonster

Indice

Index

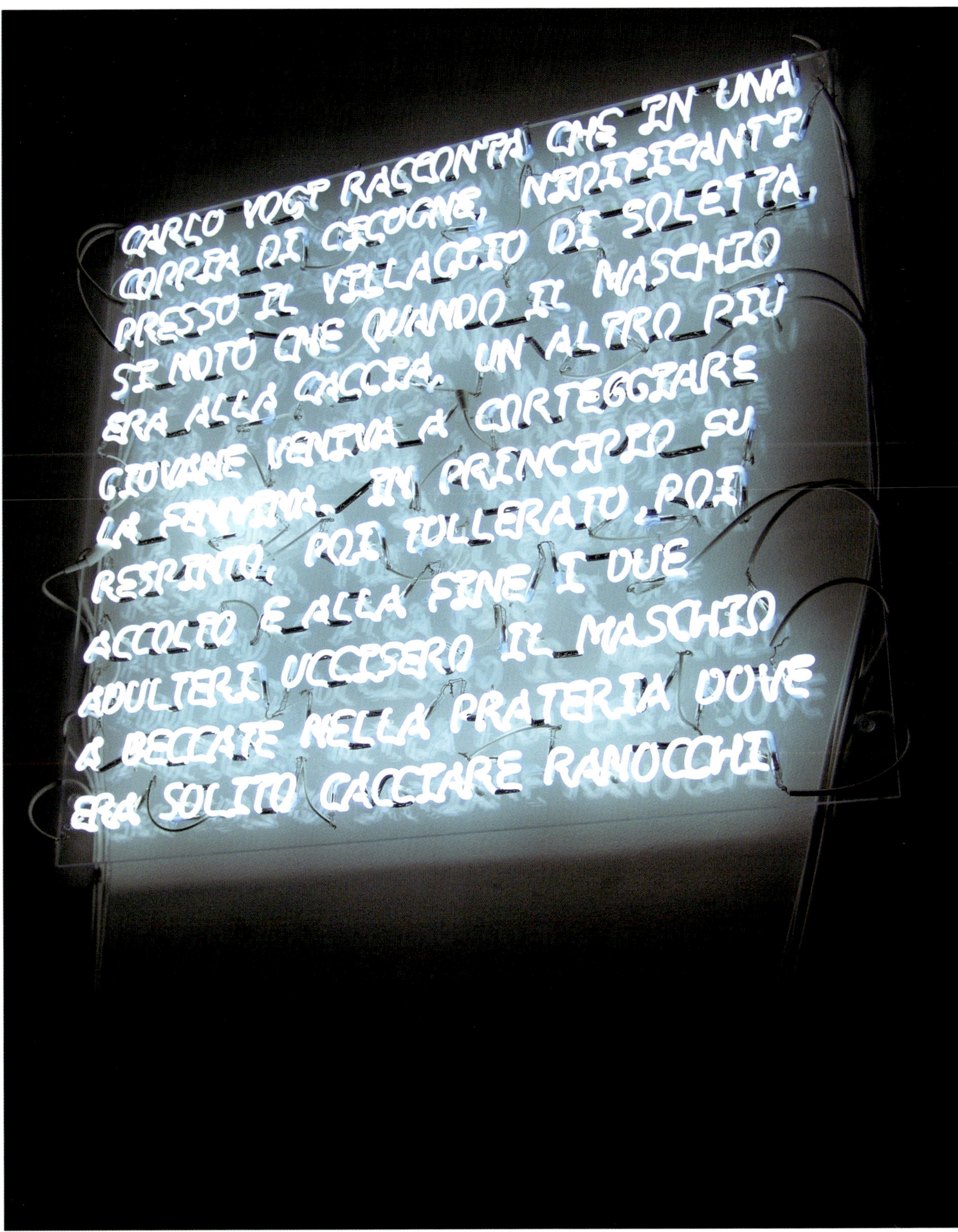
CARLO VOGT RACCONTA CHE IN UNA
COPPIA DI CICOGNE, NIDIFICANTI
PRESSO IL VILLAGGIO DI SOLETTA,
SI NOTO CHE QUANDO IL MASCHIO
ERA ALLA CACCIA, UN ALTRO PIU
GIOVANE VENIVA A CORTEGGIARE
LA FEMMINA, IN PRINCIPIO SU
RESPINTO, POI TOLLERATO, POI
ACCOLTO E ALLA FINE I DUE
ADULTERI UCCISERO IL MASCHIO
A BECCATE NELLA PRATERIA DOVE
ERA SOLITO CACCIARE RANOCCHI

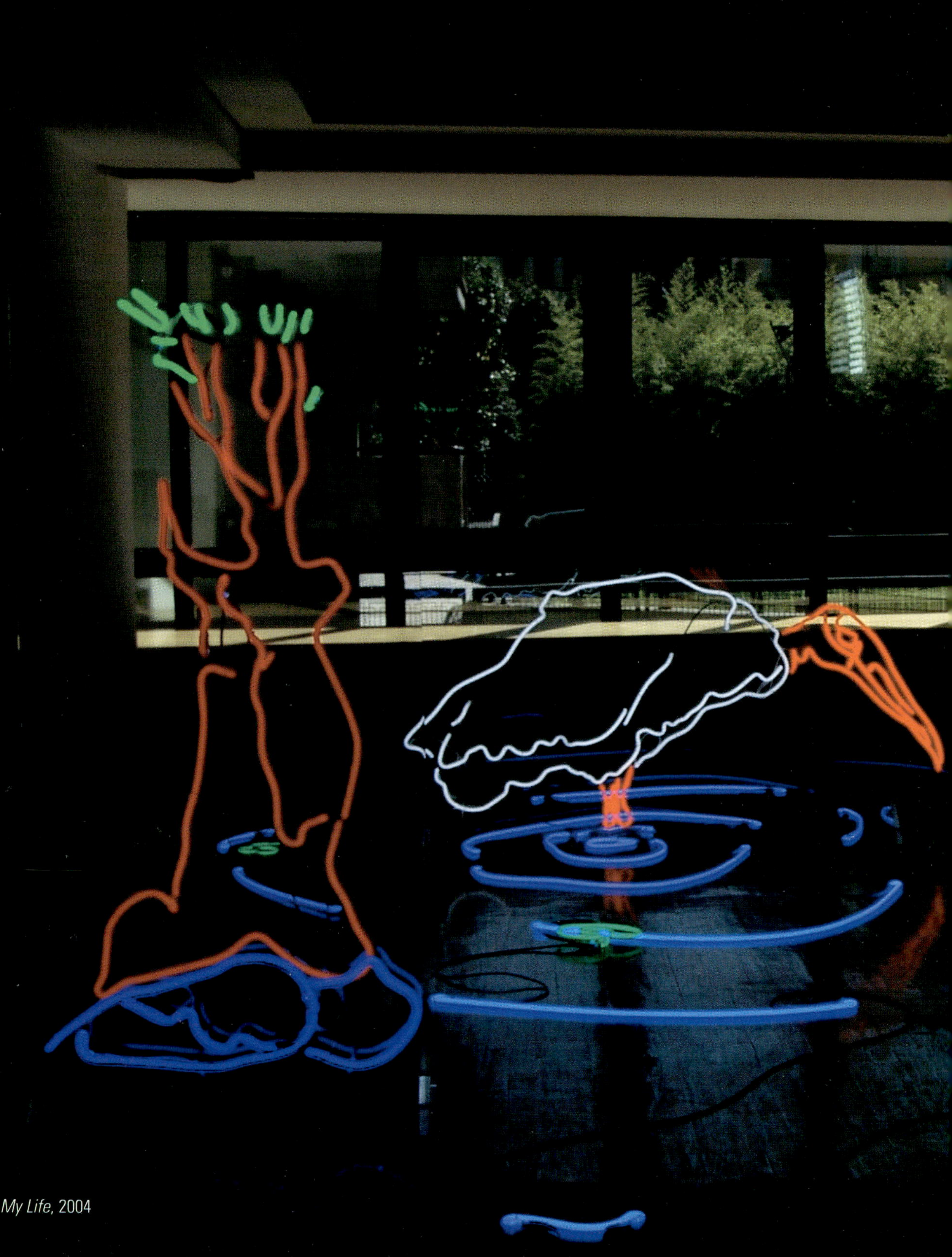

For Once in My Life, 2004

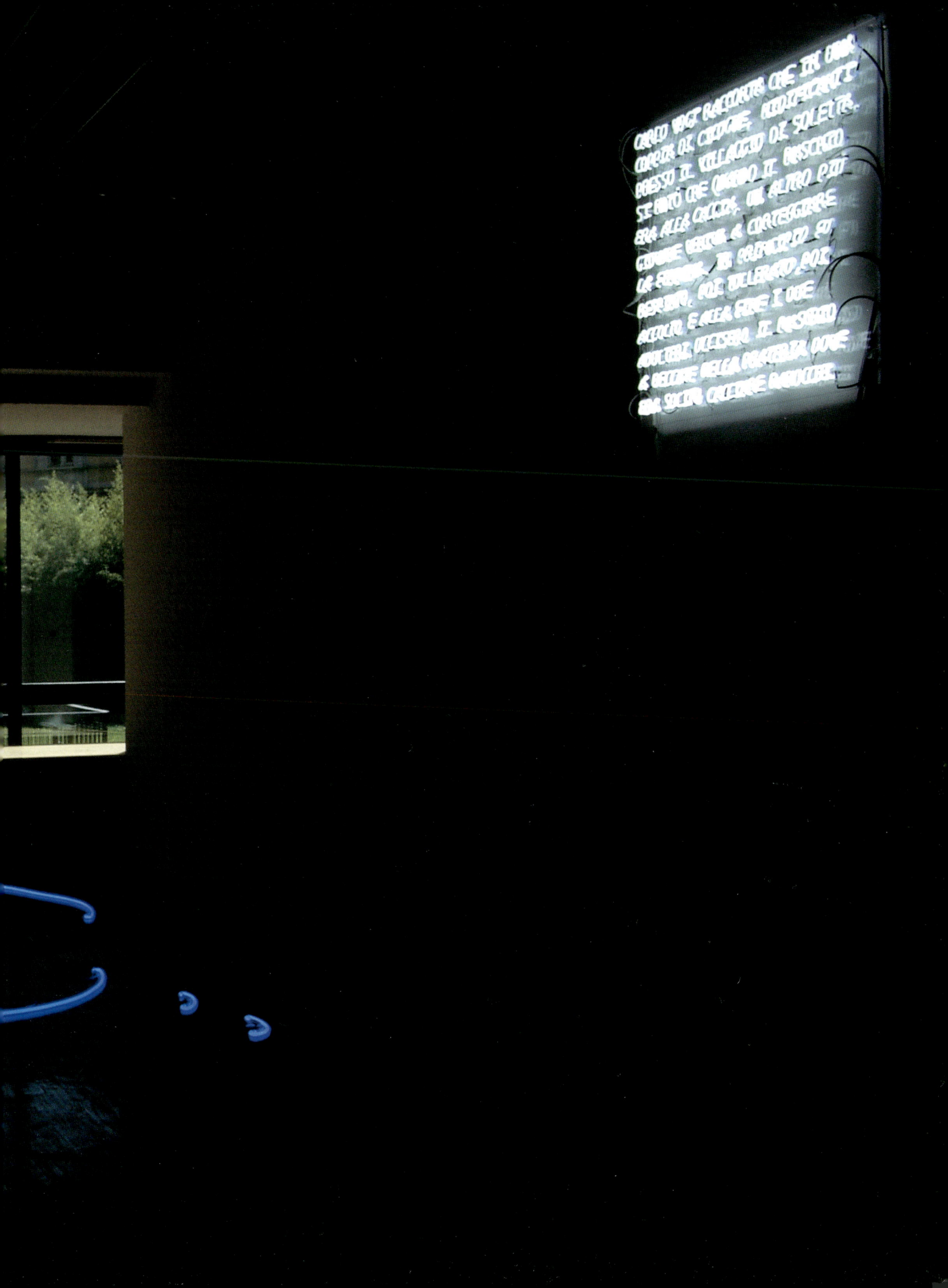

CARLO VOGT RACCONTA CHE IN UNA
CAMERA DI CALDANE REDIFICANTI
PRESSO IL VILLAGGIO DI SOLEURE
SI NOTÒ CHE QUANDO IL PASCIENTE
ERA ALLA CACCIA, UN ALTRO PIÙ
GIOVANE VENIVA A CORTEGGIARE
LA FEMMINA. IN PRINCIPIO SI
BERINANO. POI DELIBERÒ. POI
ACCOLTO. E ALLA FINE I DUE
ADULTERI UCCISERO IL PASCIENTE
A BATTUTE DELLA POSATERIA DOVE
ERA SOLITO CACCIARE QUALCOSE

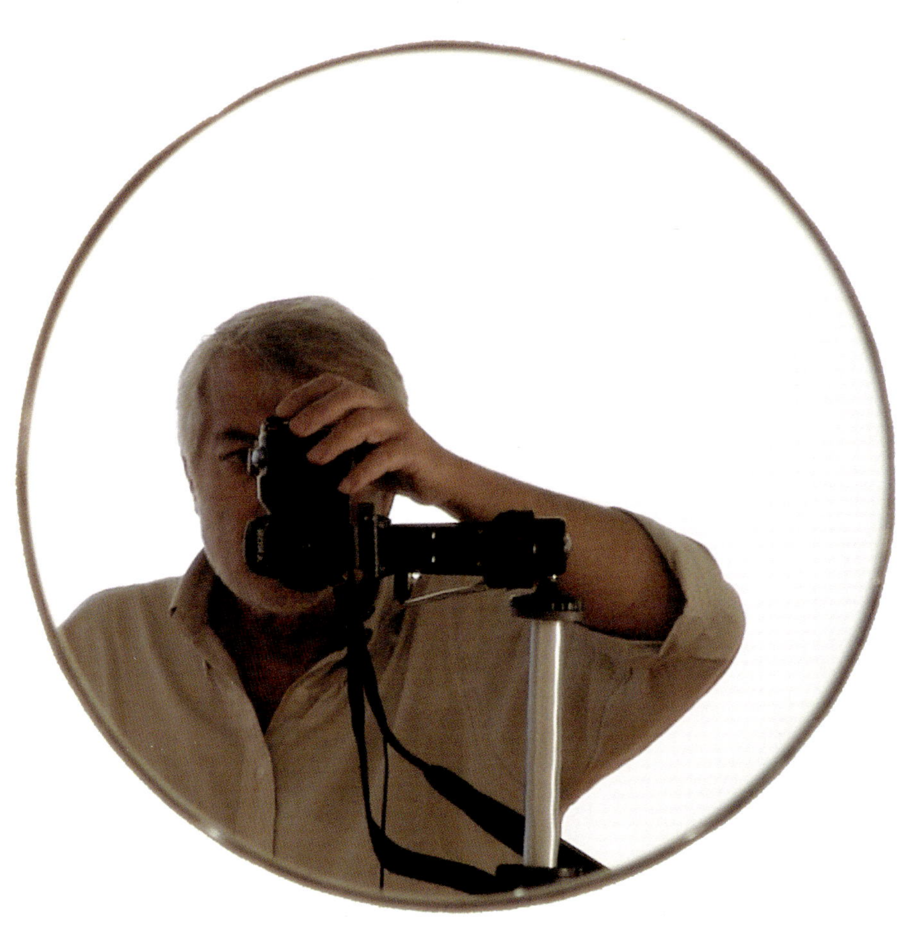

II *Short Sighted Mirror 2,* 2002-04

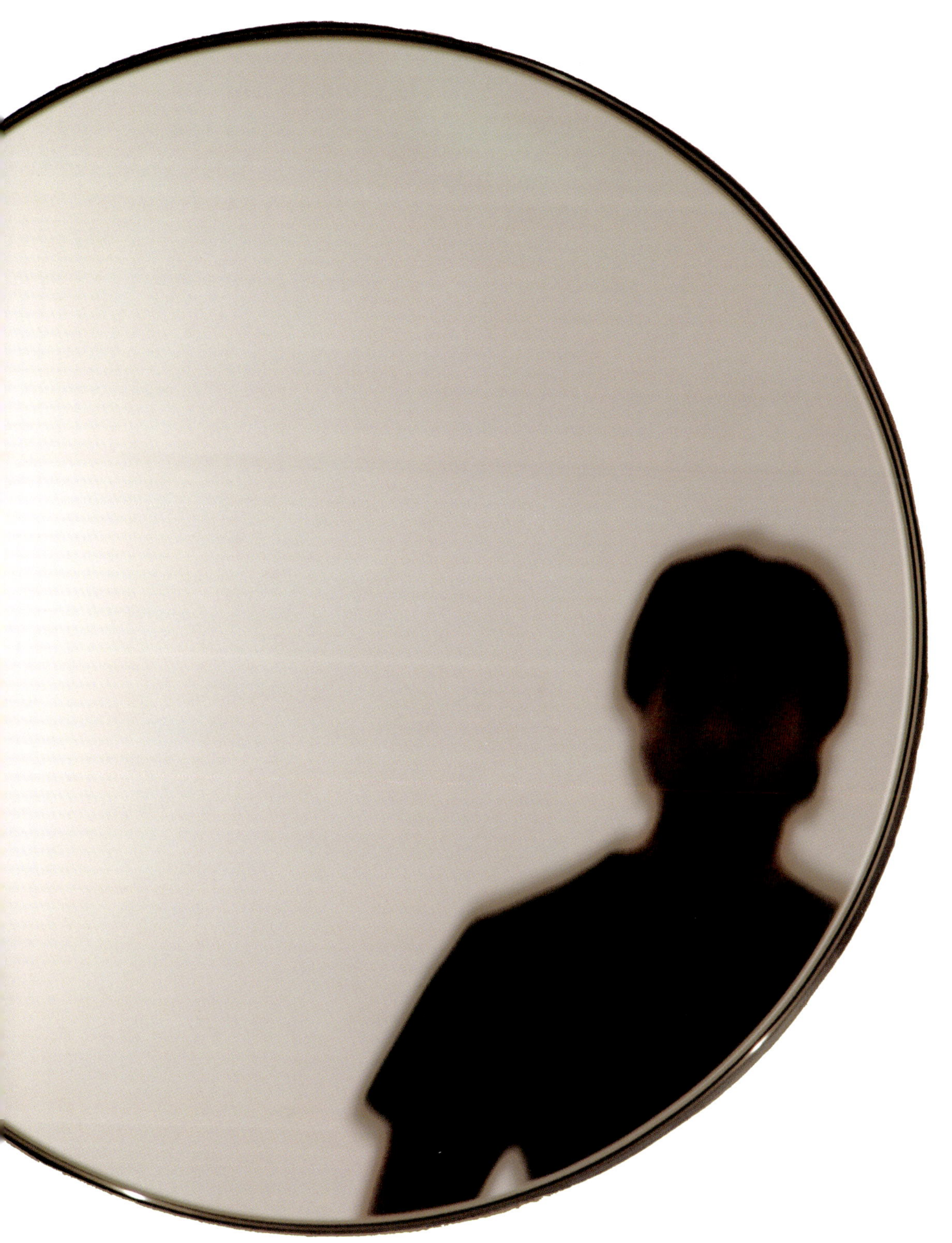

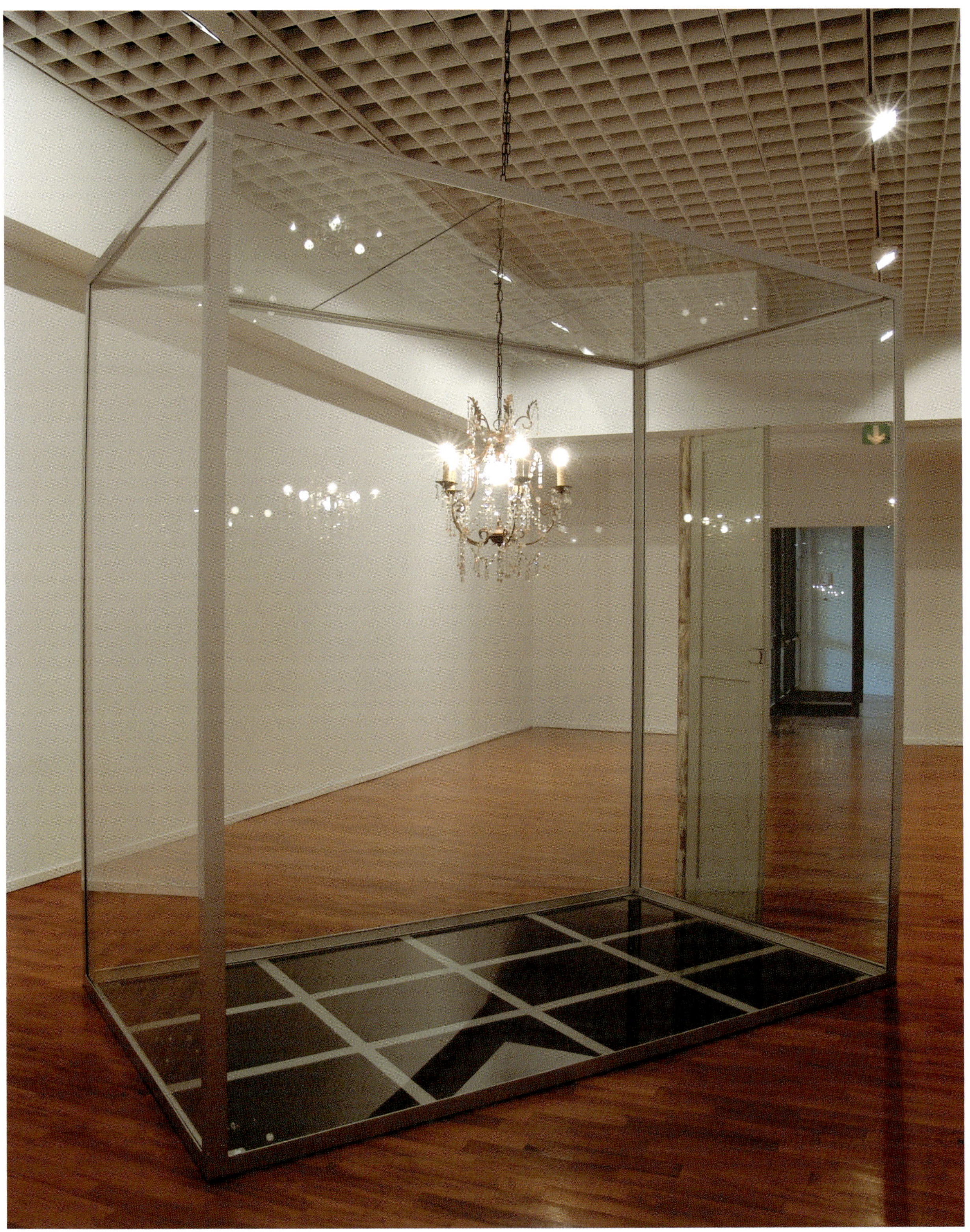

III *Bluish,* 2004

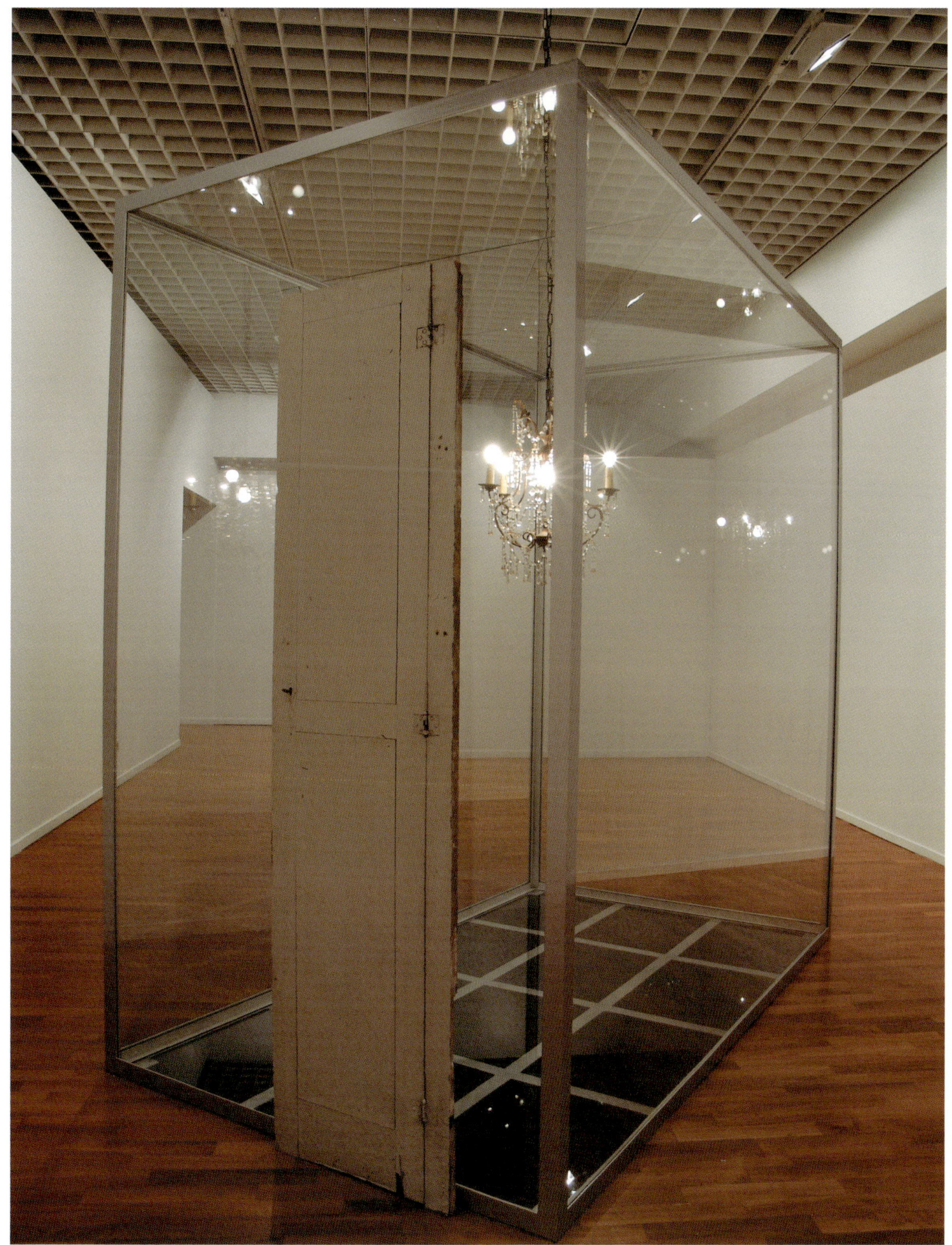

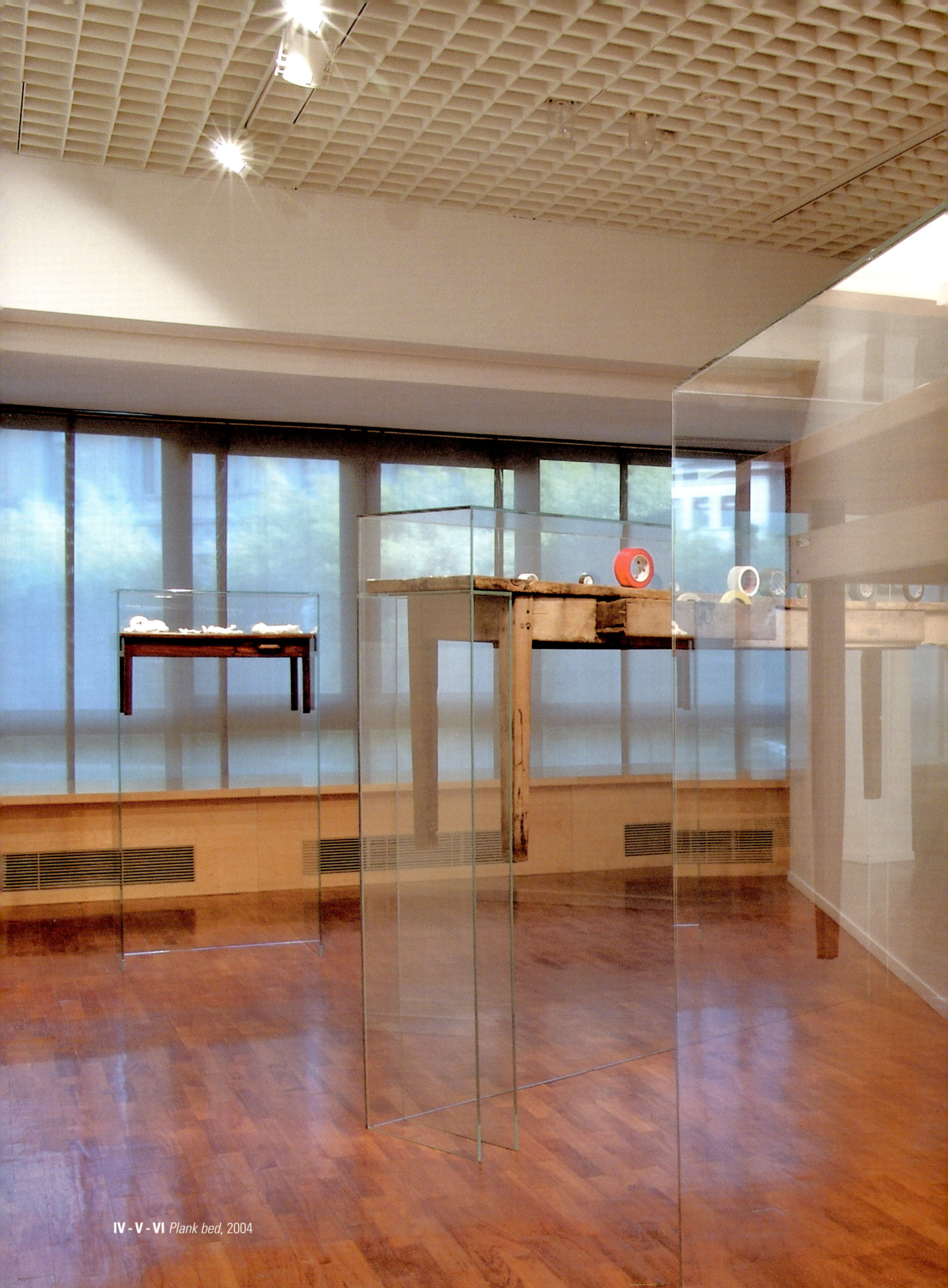

IV - V - VI *Plank bed*, 2004

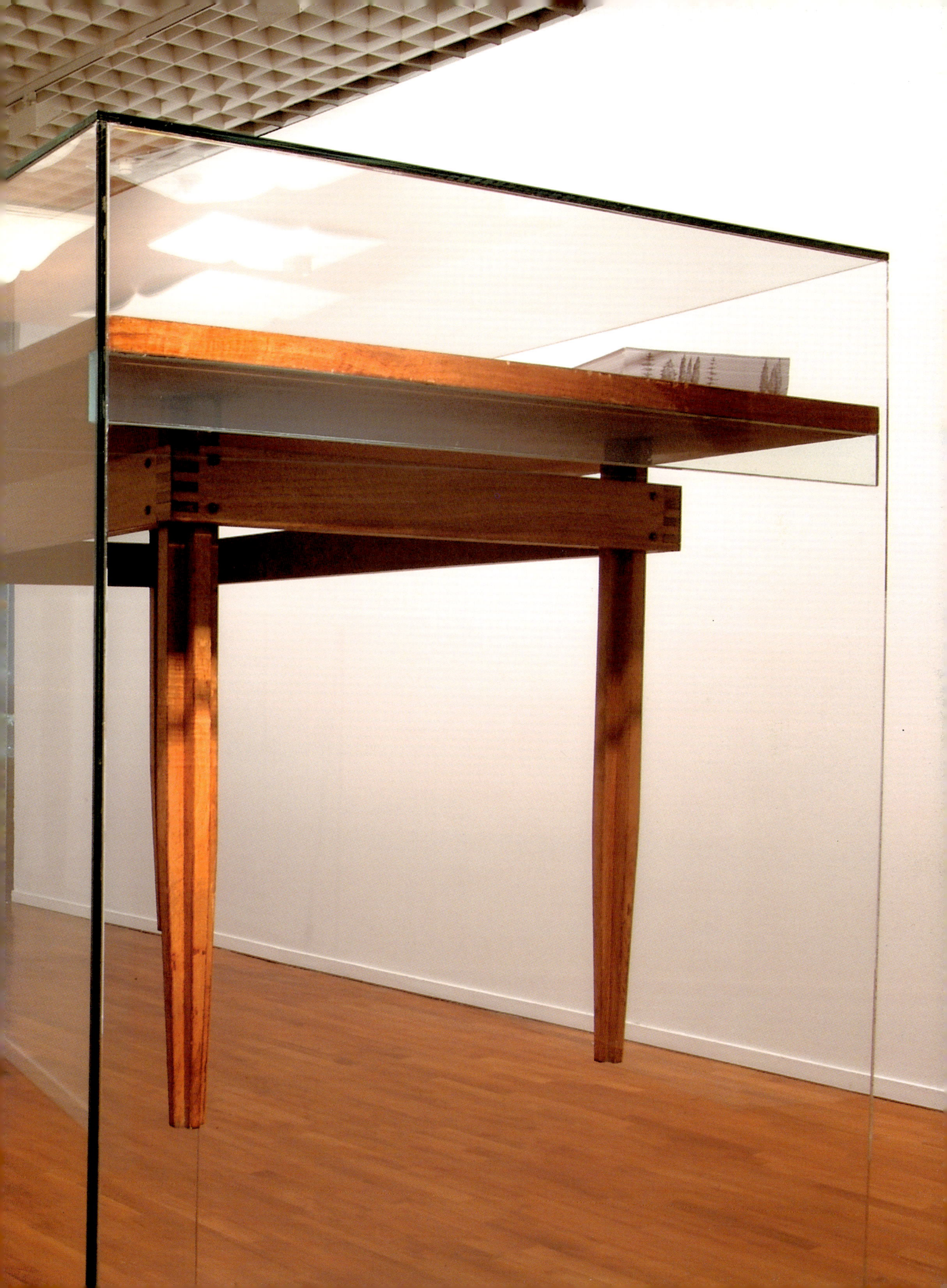

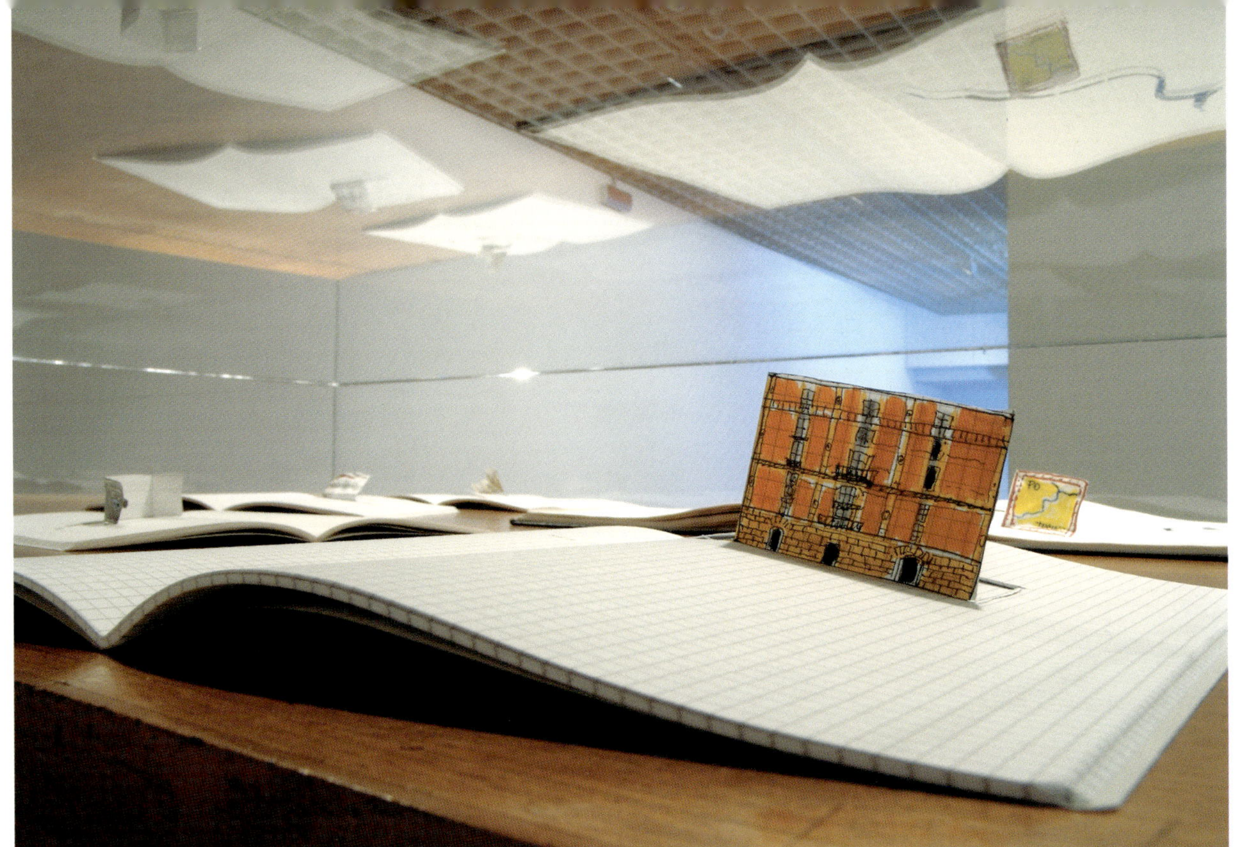

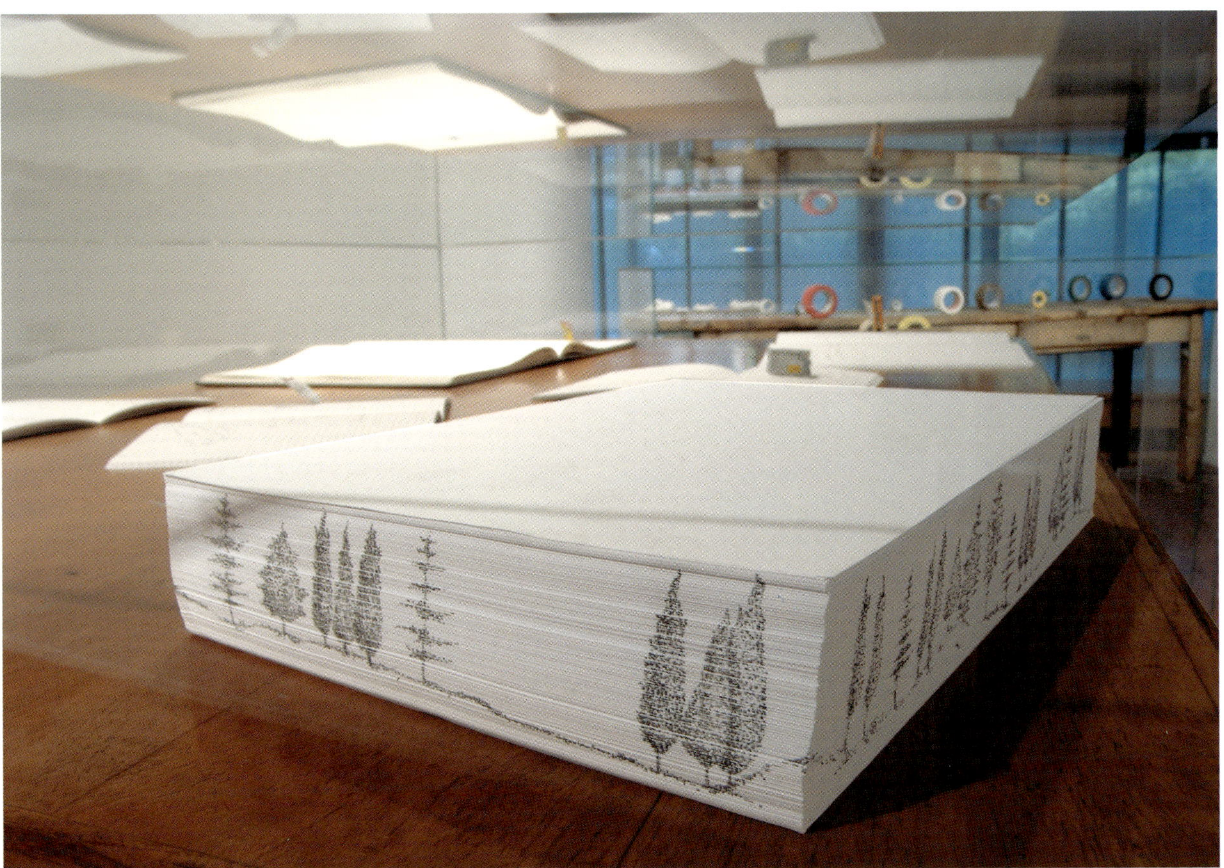

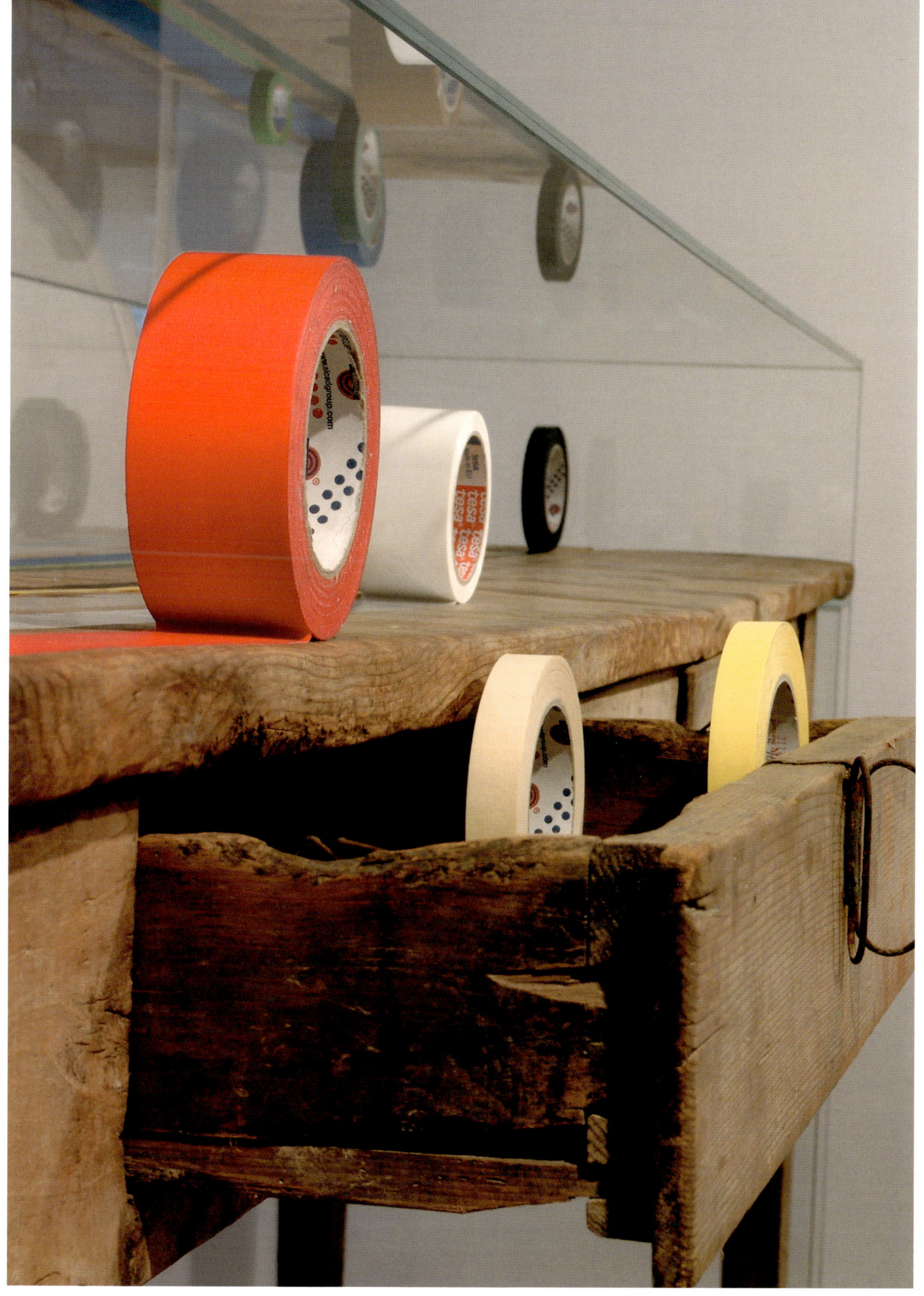

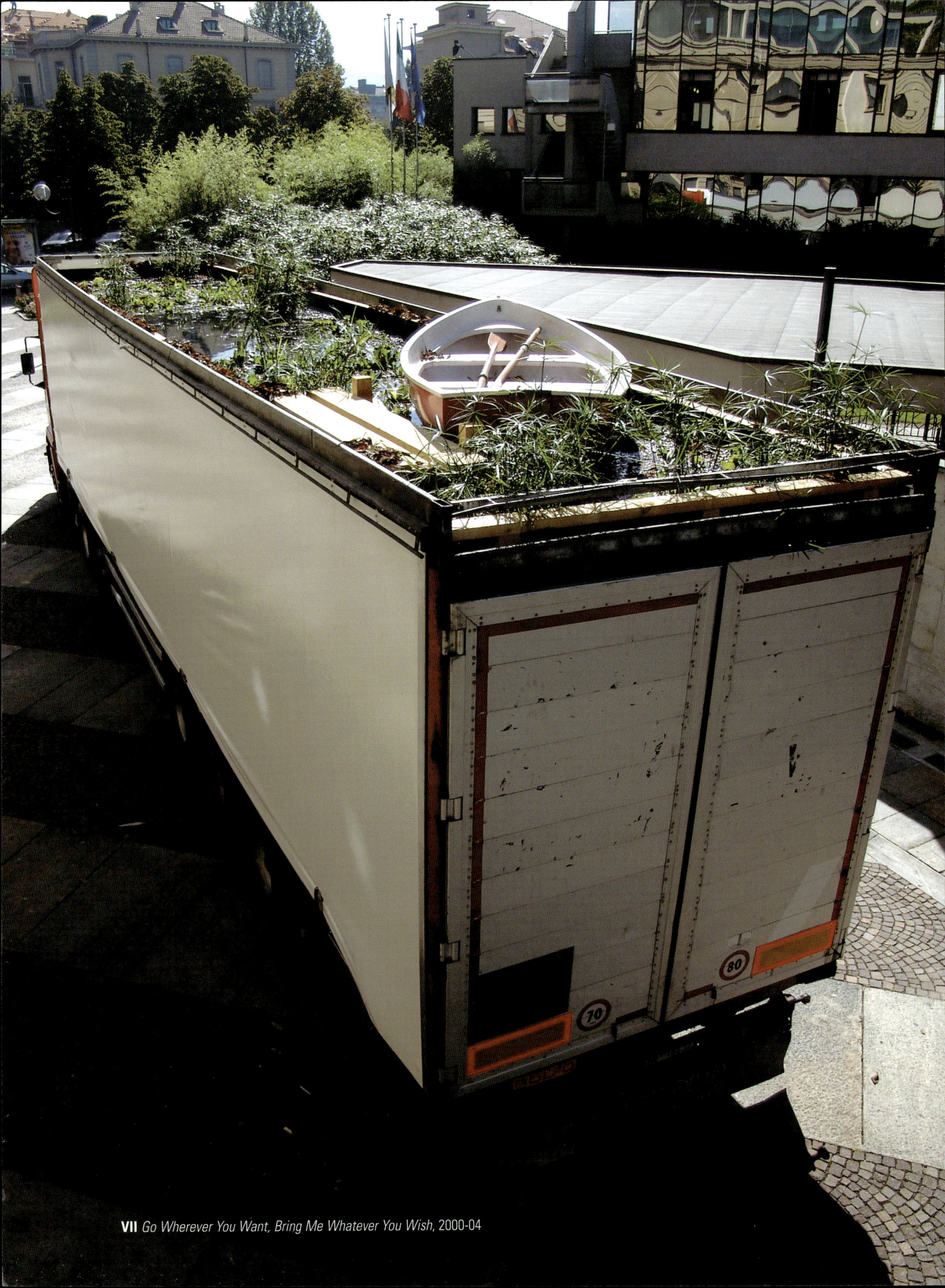

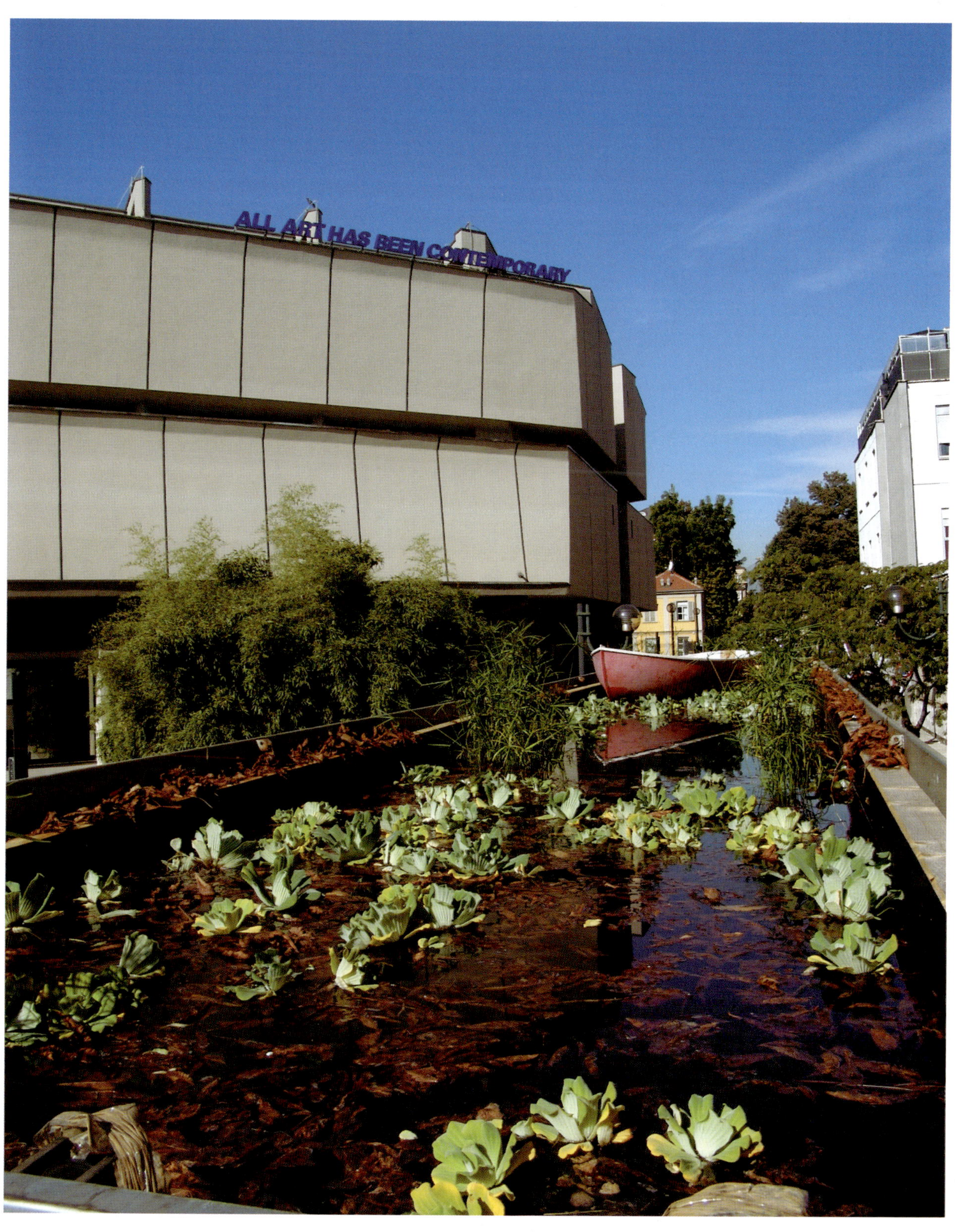
ALL ART HAS BEEN CONTEMPORARY

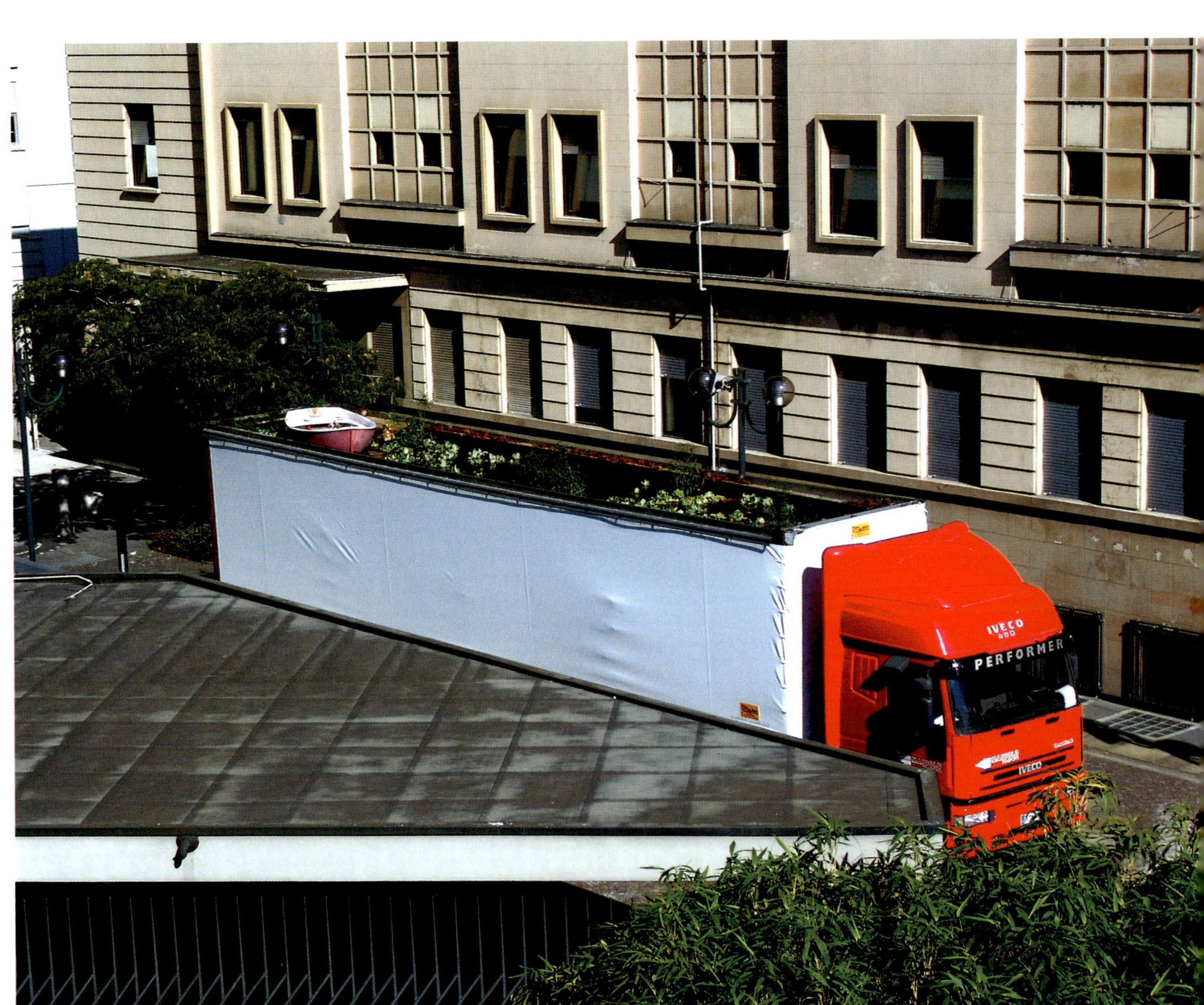

VEDOVA **MAZZEI**

Vitamorte di Vedovamazzei

Giacinto Di Pietrantonio

Stella Scala e Simeone Crispino si sono incontrati studenti negli anni ottanta al Liceo Artistico di Napoli, proseguendo poi all'Accademia di Belle Arti, dopodiché, finiti gli studi, hanno deciso di lavorare insieme formando una coppia d'arte. Ciò è successo agli inizi degli anni novanta, precisamente la prima apparizione pubblica in cui avevano cambiato i loro nomi con quello di Vedovamazzei è avvenuta nel 1991 con una mostra presso l'Institut Français di Napoli di cui dirò più avanti. Naturalmente il mondo dell'arte è pieno di coppie artistiche, alcuni esempi: Bernd & Hilla Becher, Gilbert & George, Fischli & Weiss, le gemelle Jane e Louise Wilson e i gemelli Starn Twins; oppure Christo e Jeanne-Claude, Claes Oldenburg e Coosje van Bruggen, Ilya ed Emilia Kabakov – queste ultime tre le possiamo chiamare neocoppie nel senso che si sono formate come tali molti anni dopo che uno di loro aveva già definito il proprio stile e la propria arte – oppure Marina e Ulay Abramovic, ex coppia storica della Body art oggi non più insieme né artisticamente né sentimentalmente e tante, tante altre coppie… Tuttavia, ci sono aspetti che distinguono le coppie artistiche sopracitate da Vedovamazzei: da un lato il fatto che loro hanno tutte uno stile formale molto ben definito, mentre Vedovamazzei non ha uno stile ben riconoscibile, perché adatta le forme alle occasioni, anzi si può dire che lo stile della forma in loro muore e rinasce a ogni lavoro; si tratta di un nuovo modo di intendere il detto modernista "La forma segue la funzione", meglio aggiornato in epoca postconcettuale con "La forma segue il pensiero." Dall'altro lato abbiamo quello del nome, infatti, come avete notato, Stella Scala e Simeone Crispino nel momento in cui hanno deciso di formare una coppia artistica hanno adottato un terzo nome, un nome fittizio, Vedovamazzei, mentre gli altri hanno mantenuto nome e/o cognome propri come a voler comunque salvaguardare la propria individualità. In senso diverso Vedovamazzei adottando un terzo nome si annullano per concepire una nuova identità. Ma ci sono state e ci sono anche altre coppie e gruppi che hanno adottato un nome singolo, diranno i miei piccoli e grandi lettori, come gli italiani Premiata Ditta, i francesi IFP (Information Fiction Publicité), i tedeschi Ingold Airlines… Sì, ma queste sono sigle, mentre Vedovamazzei è un nome proprio anche se trovato per caso, quindi un vero *nom trouvé*.

Le versioni al proposito sono diverse, tutte accreditate dalla coppia che spesso si diverte a confondere le tracce, ma a questo punto non proveremmo neanche a chiederci qual è la versione esatta (*trouvé* su una tomba di cimitero napoletano, o *trouvé* sulla porta di una casa di Napoli, oppure *trouvé* per terra, *trouvé… trouvé… trouvé…*), perché non ne verremmo mai a capo. Poi, forse, non ci sarebbe di nessuna utilità né ai fini del nostro discorso, né a quello dell'arte di Vedovamazzei. Ad esempio: sarebbe molto diverso ai fini di un lavoro d'arte il fatto che Duchamp abbia acquistato lo scolabottiglie in un negozio, o che lo abbia preso dalla propria cantina, o da quella di un amico?

Difatti, la cosa che interessa a proposito di Vedovamazzei è che sia un *nom trouvé* e per questo da considerare un *ready made name* e in tal senso visto come la loro prima opera d'arte. Per questo, diversamente dalle personalità delle altre coppie artistiche il problema identitario assume un'importanza diversa, in quanto se le altre sono comunque interessate a mantenere nella coppia la propria individualità, Vedovamazzei da questo punto di vista non la si può considerare neanche una coppia, ma una unità, una coppia non coppia, una ex coppia, una coppia che mette fine alla coppia. Perciò le coppie che mantengono il proprio nome e cognome necessitano di uno stile che li unifichi, mentre Crispino e Scala unificati dal nome Vedovamazzei non ne sentono il bisogno, e infatti finiscono per servirsi di uno stilelibero. Poi va anche notato il valore concettuale che quel nome porta in sé, in quanto Vedovamazzei è composto da due nomi, Vedova e Mazzei, dove il primo è un aggettivo che il secondo qualifica, vale a dire "la Vedova del signor Mazzei"; ora, a parte le relazioni che in questo senso si possono stabilire con tutti i discorsi sulla vedova come macchina celibe dei dadaisti e di Duchamp in primis – su cui molto è stato detto e scritto, Schwarz in testa – va aggiunto a sostegno del nostro discorso che la Vedova del signor Mazzei, alludendo a una coppia che è comunque una ex coppia, è una donna sola, è una unità, una individualità anche se si nutre, se ricorda un'altra persona di cui sopravvive però solo il cognome. L'importanza di quello che può sembrare un gioco di parole sta nel fatto che il nome scelto dai nostri è sintomo dei tempi, in quanto viene assunto all'inizio degli anni novanta, periodo in cui l'annullamento dell'individualità porta con sé il nuovo corso che si sostituisce alla centralità dell'ego riattivata dai postmoderni anni ottanta. Ma ancora c'è chi crede che ogni nome porti con sé anche un destino che potremmo definire esistenziale, e Vedovamazzei porta quello dell'arte. Da un lato la scelta mostra una sottolineatura del femminile a discapito del maschile e anche questo è sintomo dei tempi nuovi in cui l'affermazione della donna è andata sempre più imponendosi. Tuttavia, va sottolineato che ciò in Vedovamazzei è avvenuto in modo naturale, è una considerazione successiva che facciamo noi e di cui loro non hanno mai parlato, né hanno voluto coscientemente. Dall'altro lato questo nome ha una cifra dell'esistenza che ci conduce nel ciclo della vita e della morte, anzi nasce da un atto di messa a morte, dove la vita è la signora Vedova e la morte il signor Mazzei, e al di là di tutte le possibili e necessarie interpretazioni che si possono dare del

lavoro di Vedovamazzei il rapporto *Vitamorte* sembra essere cruciale. Prima di tutto notiamo che *Vitamorte* come Vedovamazzei è composto da due parti che iniziano con le stesse lettere V e M e hanno anche lo stesso significato: Vita come la Vedova che è viva e Morte come il signor Mazzei che è appunto morto. Inoltre l'opera di Vedovamazzei appartiene a quella tradizione partenopea che ha fatto del rapporto con la morte, e non sembri un gioco di parole, la sua ragione di vita. Questo sta nel fatto che la relazione con la morte, la sua elaborazione rivela la profondità di una civiltà, anzi va sottolineato come è dal rapporto con la morte che noi ci distinguiamo dagli animali e come dalla relazione-elaborazione di questa siano nate le prime forme d'arte. Tale rapporto si consuma in maniere differenti: come dramma, come tragedia e come disincanto, e a tal proposito va aggiunto come i partenopei siano riusciti a mettere insieme tutte queste caratteristiche, in quanto intrattengono con essa uno speciale rapporto di tragico disincanto. Per capire ciò bisogna sapere che a Napoli, meglio che altrove, più che la morte sono i morti a essere di casa, sono presenze amiche con cui conversare amabilmente. In questo modo la morte non viene vissuta con paura, ma con filosofia, come tragico disincanto appunto: pensiamo all'elaborazione della filosofia democratica di Totò ne *'A livella*, oppure alla richiesta di numeri per il gioco del lotto come avviene nel teatro drammatico e ironico di Eduardo de Filippo, o ancora a molta pittura di Francesco Clemente, o alla *Montagna di sale* di Mimmo Paladino posta qualche anno fa in Piazza del Plebiscito... e all'arte di Vedovamazzei, perché tutto ciò a Napoli prima ancora di essere elaborato dall'arte è ironicamente praticato nella vita, come suggerisce il detto popolare "Vedi Napoli e poi muori". Sulla relazione *Vitamorte* ha molto riflettuto l'autore napoletano Ernesto de Martino, uno dei più significativi etnografi del secolo scorso che ci ha spiegato nel suo libro *Morte e pianto rituale nel mondo antico* (1958) le dinamiche reali e simboliche della morte e dell'elaborazione del lutto adottate fin dall'antichità dai popoli dell'area mediterranea, dove il comune denominatore è la donna, la Vedova del signor Mazzei col suo pianto anche teatralizzato. La vita in questo rapporto con la morte è poi considerata dall'arte anche come un fatto alchemico, una trasmutazione continua che possiamo notare, ad esempio, nella relazione tra il realismo del *Cristo velato* del Sammartini e le sperimentazioni anatomico-alchemiche del Principe di San Severo nella sua Cappella, trionfo di quel Barocco che ha intrattenuto con la morte un rapporto esistenzial-teatrale decisivo. In questo clima di *Vitamorte* collocato tra il reale e il virtuale in senso di teatralizzazione dell'esistenza e dell'esistente il lavoro di Vedovamazzei, che per inciso non si nutre solo del retroterra campano, ma come vedremo più avanti allarga la sua visione al resto del mondo, acquista una diversa

1 *Bebè*, 1991
2 *E 127*, 1995
3 *Babies in Waiting*, 1996

sinistra luce quando ne analizziamo le singole opere.

Come detto sopra la prima apparizione di Vedovamazzei avviene appunto a Napoli nel 1991, presso l'Institut Français dove presenta un'opera "murale", un'immagine ottenuta con tante piccole forature praticate sul muro e in cui il rapporto tra i piccoli vuoti dei fori e il pieno del muro bianco genera una sorta di *pointillisme* grafico. Tale relazione di negativo/positivo serve a disegnare sulla parete un neonato nell'atto di gattonare, opera che viene intitolata *Bebè*. L'esordio è significativo della caratura concettuale che sta sia nella scelta del nome Vedovamazzei sia nell'opera proposta sia nel fatto di cominciare con il disegno, mezzo concettuale e progettuale per eccellenza. L'opera è, infatti, un bebè, quindi il ritratto dell'inizio della vita come metafora dell'atto di nascita della nuova entità artistica del duo Scala-Crispino. I due corpi diventano uno, Vedovamazzei: anche come possibile risposta agli anni ottanta dell'*Uno che si divide in due* di Francesco Clemente che a sua volta proseguiva il *Raddoppiare dimezzando* praticato da Boetti a partire dagli anni settanta. Difatti con questa figura si pone attenzione al corpo non come il soggetto-Narciso della decade precedente, ma come soggetto cruciale analizzato da vari artisti nel rapporto corpo-scienza (*società della tecnica*), corpo-moda (*società dell'immagine*), corpo-media (*società dello spettacolo*), corpo-estetico (*società della perfezione*), corpo-etico (*società dello spirito*), corpo sano (*società del benessere*), corpo malato (*società dell'incertezza*), corpo-simulacro (*società dell'altro*), corpo-virtuale (*società dell'immateriale*) e corpo-corpo (*società dell'essere e del non essere*) nel corso degli anni novanta. Già nel decennio precedente si era visto l'inizio di questo scivolamento verso la riconsiderazione della caducità del corpo dovuto al diffondersi dell'AIDS. Ma negli anni novanta questa consapevolezza si estende alle difficoltà del corpo più in generale e difatti in Vedovamazzei a questa celebrazione della nascita si accompagna, come sempre, il processo verso la morte, come accadrà in opere più tarde quali *E 127*, 1995 e *Babies in Waiting*, 1996. La prima consiste in un tavolino di polistirolo con sopra una serie di sigarette ridotte in cenere che Vedovamazzei chiama spermatozoi, e qui è evidente la relazione tra il germe della vita, lo sperma, e la materia della morte, la cenere; la seconda è, invece, la foto di un infermiere colto nell'atto di sputare entro un contenitore di azoto liquido contenente sperma per inseminazione artificiale, compromettendone così la fertilità. Lo stesso avviene, anche se per altra via, con *A Modest Proposal*, una videoproiezione del 1998 in cui vediamo la Regina Vittoria in sella a un cavallo bianco su sfondo nero e il Re Edoardo II ubriaco in una scena hogarthiana a lume di candela recitare l'omonimo libello (1729) in cui Jonathan Swift suggerisce di risolvere il problema irlandese attraverso il cannibalismo degli adulti

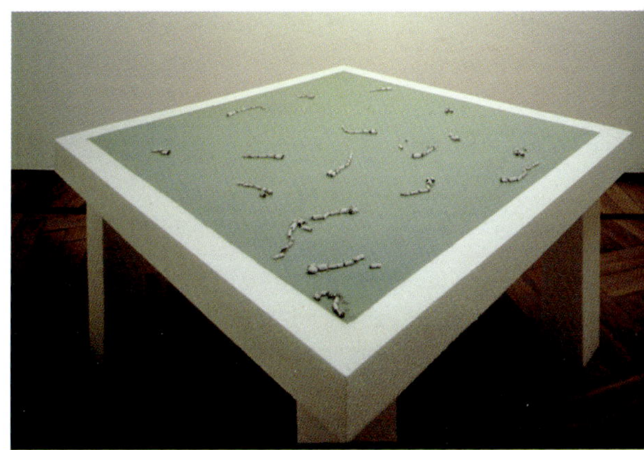

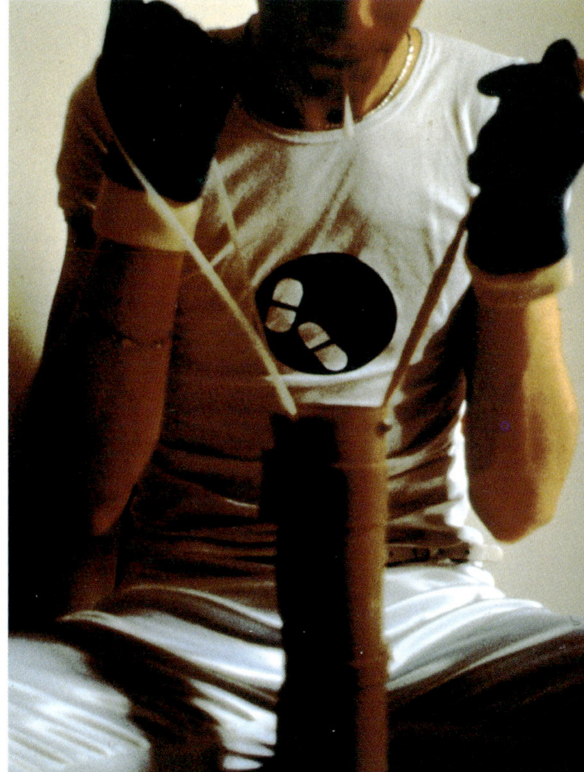

ricchi nei confronti dei bambini poveri. Queste sono opere *memento mori*, lavori che ci ricordano fin dalla nascita che il ciclo si conclude inevitabilmente con la morte, opere etico-estetiche che ci invitano a riflettere non solo su come prolungare la vita, ma quale rapporto intrattenere con la morte. Infatti, il grado di civiltà, lo ribadiamo, non si misura solo con la qualità della vita, ma pure con la qualità della morte, con la ritualità che mettiamo in atto per confrontarci con essa e con l'arte che ne è da sempre una possibile e profonda interfaccia.

Ma procedendo con ordine e disordine va detto che il lavoro di Vedovamazzei si segnala all'attenzione nazionale qualche mese dopo la mostra sopracitata e precisamente nell'esposizione *Italia '90: ipotesi arte giovane* prodotta dalla rivista *Flash Art* presso la Fabbrica del Vapore a Milano. Si trattava di una mostra in cui un critico italiano per ogni regione era invitato a segnalare un gruppo di giovani artisti e Vedovamazzei assieme ad altri artisti campani venne indicato, onore al merito, da Gabriele Perretta. La mostra ospitava circa duecento artisti e molti di loro, come Vedovamazzei, venivano per la prima volta alla ribalta nazionale: Margherita Manzelli, Alessandro Pessoli, Eva Marisaldi… Vedovamazzei presentò un'opera, sempre con la tecnica delle forature ma su legno, in cui il disegno che si generava erano le piante delle rispettive case, quella di Portici, quartiere napoletano, di Stella Scala e quella di Frattaminore, paese in provincia, di Simeone Crispino.

C'è da dire che il fatto di scegliere come soggetto quello dell'architettura rafforza la dimensione progettuale. Disegnare piante è infatti sottolineare il valore del progetto, è presentare il domestico non sotto il profilo della narrazione e del quotidiano, ma dal punto di vista dell'astrazione, rafforzato ancor più dalla necessità di messa a fuoco che questo tipo di disegno *pointilliste* necessita. Ma anche in altre occasioni Vedovamazzei si cimenta con la pianta architettonica, come nel 2003 con *This is What you Want This is What you Get*: si tratta di un biliardo la cui forma è ricavata riducendo in scala la pianta della Calcografia Nazionale di Roma, sede della mostra, con cui i visitatori sono invitati a giocare. È ovvio che un biliardo di questo tipo mette in discussione l'uso "normale" che si fa di questo oggetto, vale a dire che è difficile se non impossibile giocare con esso in quanto tutte le traiettorie a cui siamo abituati in un vero biliardo qui non tornano, e quindi regole e possibilità del gioco saltano e vanno riscritte. Infatti riscrivere le regole è uno dei principi dell'arte e farlo usando metafore architettoniche e di design, che sono per tradizione il territorio dell'utile, è oltremodo significativo del lavoro di Vedovamazzei. In tal senso, se continuiamo a indirizzare la nostra attenzione sull'architettura vedremo come questo terreno di verifica insieme con quello del corpo e della natura sia un altro elemento costante

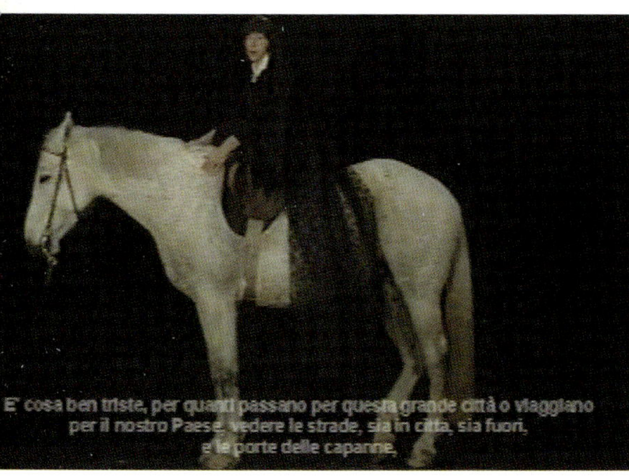

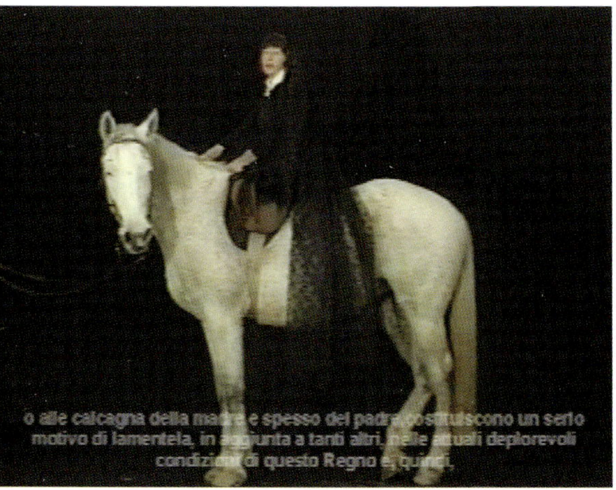

4 *A Modest Proposal*, 1998
5 *After Love*, 2003

nell'opera di Vedovamazzei dall'esordio a oggi, quindi dalle piante di abitazioni ad *After Love*, 2003, che è la ricostruzione della casa di Buster Keaton per il CeSAC, Centro Sperimentale per le Arti Contemporanee di Caraglio (Cuneo), già presentato come progetto-neon al Centro Arti Visive Pescheria di Pesaro.

A questo punto va detto che ci sono persone che hanno occhi buoni per vedere e che per questo sono importanti nella storia degli artisti, anche quando sembrano starsene appartate; nel caso di Vedovamazzei, come per Pierre Huyghe, Xavier Veilhan, Vanessa Beecroft tra gli altri, c'è a Milano una figura singolare di gallerista, artista, dandy che si chiama Horatio Goni. È un argentino di origine italiana che gestisce nella città meneghina lo spazio Fac-simile, e che ha sostenuto fin dall'esordio le carriere di molti promettenti artisti, tra cui Vedovamazzei. Nello spazio di Goni, infatti, Vedovamazzei realizza due mostre che già agli inizi ne confermano non solo il talento, ma anche quest'elaborazione del rapporto *Vitamorte* di cui andiamo parlando. Nella prima, 1991, vengono presentati ancora disegni di pareti forate che riproducono organi del corpo: cuore, polmoni, intestino…; mentre nella seconda, 1992, è la volta di una serie di quadri a olio in bianco e nero in cui sono dipinte come in radiografia delle icone della cultura popolare: *Lucignolo*, *Santo*, *Pinocchio*, *Licantropo*, *Regina*, *Pulcinella*, *Carabiniere*, *Burt Simpson*… Dall'architettura l'attenzione ritorna verso il corpo e viste le date notiamo come questo tema, cruciale negli anni novanta, venga affrontato con un certo anticipo, mantenendosi poi costante nel lavoro di Vedovamazzei. Bisogna aggiungere alcune altre considerazioni: da un lato come il cinetismo della tecnica *pointilliste* nella rappresentazione degli organi interni crei un effetto di vitalismo, nel senso che percepiamo i polmoni respirare leggermente, il cuore battere lievemente, l'intestino digerire lentamente; mentre nei dipinti capiamo come le identità sono generate da una serie di deformazioni ossee, con qualche esagerazione: l'aureola per la testa del Santo, le orecchie d'asino per quella di Lucignolo, il cappello per Pulcinella, la corona per la Regina, la testa triangolare col pennacchio per il Carabiniere, il naso lungo per Pinocchio, la testa rettangolare seghettata in alto per Burt Simpson, la bocca di lupo per il Licantropo. Si tratta, come abbiamo detto, di pitture che prendono a modello radiografie di malati gravi di tumore alle ossa e che perciò presentano simili deformazioni. Anche in questo caso Vedovamazzei — come già in *Fat in the Land* del 2000, una piccola scultura-recipiente di ceramica rappresentante un fegato riempito di vino, con la messa in evidenza della relazione piacere-negatività nel rapporto tra fegato e vino, dato che questa bevanda è causa della cirrosi epatica, una delle malattie più pericolose e mortali — sottolineano la relazione *Vitamorte*. Così vengono affrontate le ragioni e le regioni del corpo dal lato che non vediamo, come

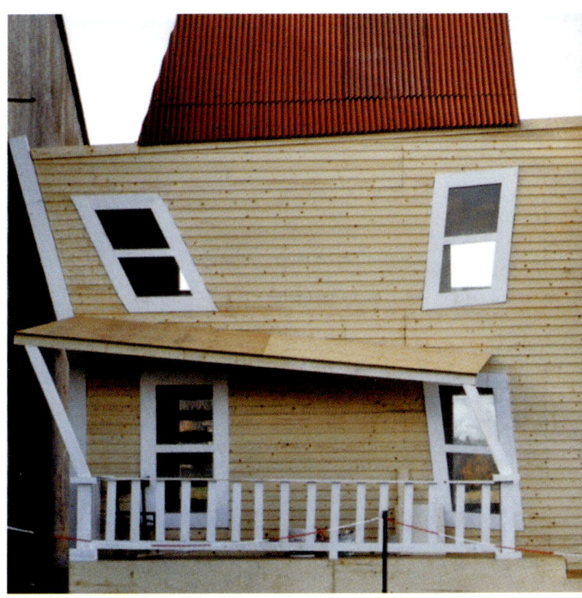

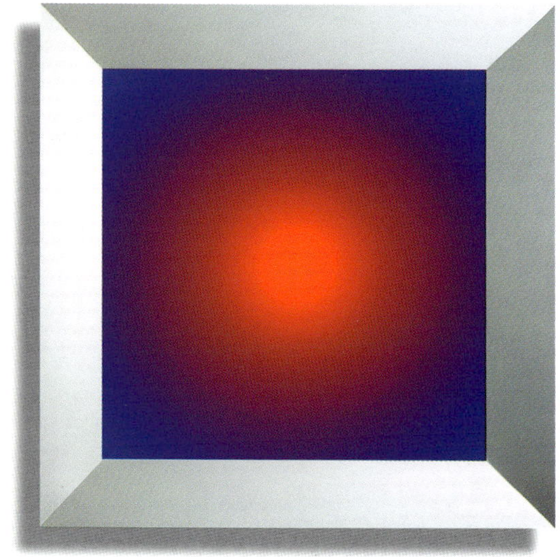

per le piante architettoniche, in quanto sia gli organi interni sia le radiografie sono parti nascoste, non visibili e quindi anch'esse un'astrazione. Un'astrazione del corpo e delle sue condizioni-limite portata, dall'arte, alle estreme conseguenze con l'opera *Time without Example*, 1999, dove vengono riprodotte 16 sensazioni visivo-cromatiche di persone in coma con l'inserimento in computer di dati forniti, come per le pitture-radiografie, da un ospedale. Qui non c'è solo il rapporto usuale col corpo, quello basato sull'aspetto esteriore, che anzi qui è secondario, perché in questo caso l'estetica si concentra sul lato medico, scientifico, anatomico, mettendo appunto insieme San Severo e Sammartini. In questo modo ci si avventura nel terreno delle nuove scienze come la genetica; esagerando potremmo dire nella nuova forma di "alchimia moderna" alla ricerca, come fa l'arte, dell'immortalità tramite la trasformazione-modificazione delle materie vive o morte che siano, e quindi il senso non è solo estetico, ma anche etico. Si tratta di corpi e cose che cambiano, di modifiche estetiche passate per la malattia, irregolarità, deformazioni come avviene ad esempio in opere come *Short Sighted Mirror* del 2002, oggi riproposto in una versione più grande nella mostra della GAM torinese. È uno specchio circolare che, fatto girare ad alta velocità, sfoca, deforma fino alla sparizione ciò che vi è o dovrebbe esservi riflesso. Se in uno specchio l'immagine non appare, o meglio non si riflette, seppur grazie a un accorgimento tecnico-meccanico che ne mette in movimento la struttura molecolare, vuol dire che viene negato il narcisismo del mondo e che si va nel territorio della morte, o meglio dei morti viventi, nel quale lo specchio non riflette e in cui riemerge la figura romantica del vampiro, metafora della società postmoderna dove il rapporto tra il prelievo della storia e la sua apparenza costruisce ancora nella relazione *Vitamorte* la sua qualità di essere-non essere. "Essere o non essere", questo dubbio amletico-shakespeariano che Vedovamazzei porta già nel nome scelto, è la riconferma del ciclo di *Vitamorte* come in *Pupa quae etiam carne humana vescitur* del 1994, un video nel quale vediamo Stella cercare di essere-non essere modificandosi il volto attraverso una serie di applicazioni di nastro adesivo trasparente. Sono deformazioni progressive che, similmente all'opera-specchio, sembrano ripercorrere la storia delle forme da un lato ripercorrendo la storia degli stili, passando dal realismo al classicismo al cubismo al surrealismo fino a Bacon, e dall'altro cercare l'altra identità, quella di Simeone, che in questa relazione di essere e non essere insieme con Stella fa l'uno, il Vedovamazzei. Ma la ritrattistica non è solo autoriferita, e difatti più avanti la soggettività verrà messa in scena nei tre grandi oli *Portrait of V.D.*, *Portrait of M.C.*, *Portrait of J.D.* (2000), opere non a caso riproducenti su un fondo nero lucido, elegante e luttuoso allo stesso tempo, le fisionomie deformate e rese

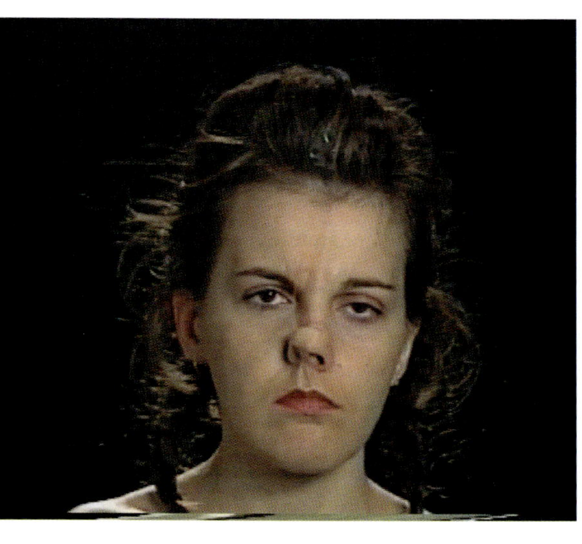

6 *Time without Example*, 1999
7 *Pupa quae etiam carne humana vescitur*, 1994
8 *God Save the Queen*, 1997
9 *Vedovamazzei non ci fai paura abbiamo il colpo in canna senza la sicura!*, 1994

lunari dal candore della pelle di noti personaggi del mondo dell'arte e della moda:
Vincent Darre disegnatore per Moschino, Mariuccia Casadio scrittrice e consulente di
Vogue Italia e Jeffrey Deitch critico e gallerista newyorkese. Deformato era apparso
pure il volto della Madonna nelle pitture *Maria fugge in Egitto* del 1992, tre piccole
tele in cui la Vergine Maria viene colta mentre si occupa della toilette quotidiana:
lavarsi i denti, pulirsi il naso, spremersi i brufoli sul volto. Certo qui assistiamo anche
a una rilettura in chiave quotidiana e non agiografica di uno dei temi centrali del
Vangelo e della storia della pittura, una caratteristica di Vedovamazzei che mostra
interesse più per la storia apocrifa che per quella istituzionale. Maria qui non sale in
Cielo come nelle tele della tradizione (Raffaello, Tiziano), ma, colta nelle sue
occupazioni quotidiane, scende a patti con la Terra e con l'attualità che ha fatto della
cura del corpo una centralità esistenziale alla quale neanche la Madonna riesce a
rinunciare. In questo gioco che potremmo definire di blasfemia estetica, o di storia
"altra", inseriamo pure il video *God Save the Queen* dove vediamo una banda di
paese, una *brass band*, suonare l'inno britannico nella versione dei Sex Pistols,
aumentandone la cacofonia che già aveva procurato la censura del gruppo inglese
portavoce della cultura punk e del conseguente Zeitgeist del postmoderno "no future".
In questo percorso di accerchiamento non possiamo non ricordare l'opera
Vedovamazzei non ci fai paura abbiamo il colpo in canna senza la sicura! dove lo
slogan usato nelle manifestazioni politiche durante gli anni settanta, soprattutto dalla
sinistra extraparlamentare, viene messo in una *snow ball*, riducendo a piccolo
souvenir la seriosità ideologica della lotta politica. È anche questo un segno dei tempi
che parla della fine delle ideologie, del fatto che la destra e la sinistra, almeno così
dicono in molti, non sono più nettamente divise e che tutto ciò non fa più paura, tanto
da essere ridotto a ricordo. Souvenir ironici provocatori come per *Amore mio* del 1994,
in cui abbiamo un modellino di Mini Minor rossa con tetto bianco con i vetri foderati
da pagine della rivista *Famiglia Cristiana* che sobbalza come se dentro ci fossero due
persone che scopano, ancora una versione esistenziale del sacro e del profano come
per *Maria fugge in Egitto*. In questo andirivieni tra sacro e profano, in questo
ripercorrere miti e figure delle ideologie laiche o sacre, si inserisce anche l'opera *Ho
Chi Minh* esposta, in una personale del 2002, nel cortile del palazzo romano di via dei
Prefetti 17 dove ha sede la galleria Magazzino d'Arte Moderna. Si tratta di un
lampadario-chandelier-reliquiario con al centro una sfera contenente un teschio,
riproduzione di quello di Ho Chi Minh, appunto, reso visibile a intermittenza, e che
rievoca la descrizione fatta da un giornalista americano durante la guerra in Vietnam
di un bombardamento dei vietcong come "il più bel lampadario barocco che abbia mai

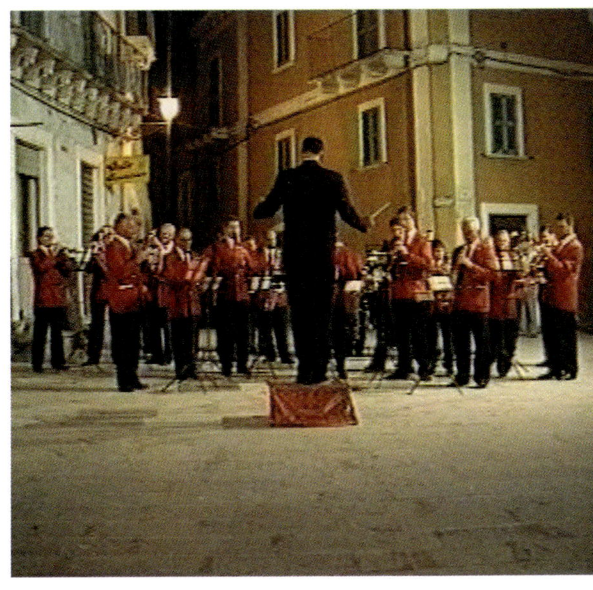

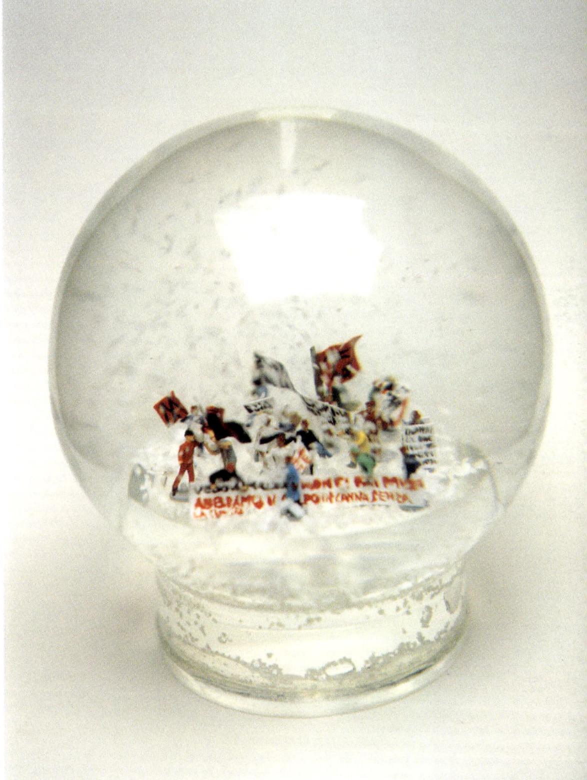

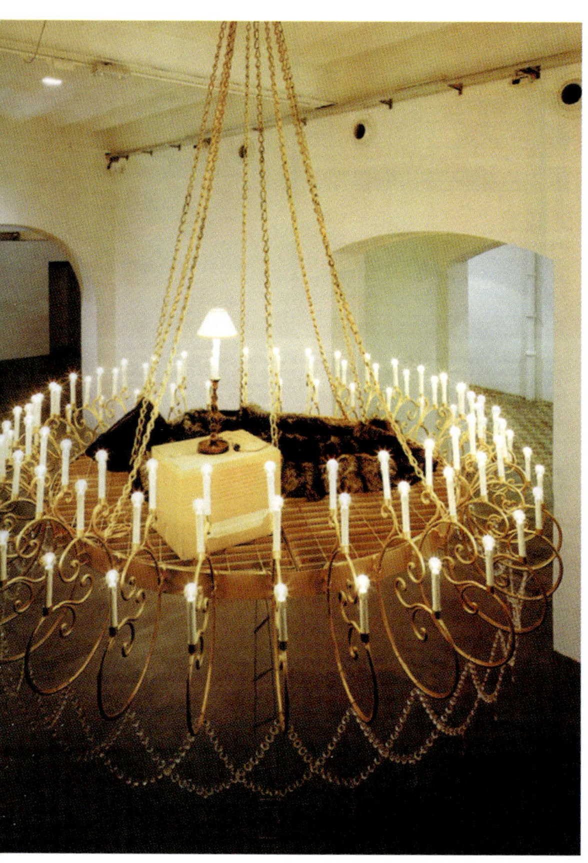

visto". Se da una parte il lampadario quale luogo di emissione della luce è qui una sorta di sepolcro, quindi la casa della morte, dall'altra Vedovamazzei si preoccupa di dare ad esso anche il significato opposto, della vita. Infatti se nel primo caso la sensazione che emana, data anche dalla forma gotica, è quella di una luce lunare-spettrale, nel 2000 viene realizzato *Climbing*, un altro lampadario molto più grande aperto e solare, a cui è possibile accedere tramite una scaletta pensile posta su una piattaforma reticolare centrale nella quale è adagiato un sacco a pelo di volpe argentata di marca Prada che nelle intenzioni dell'artista serve da rifugio per barboni, clochard, homeless. L'opera, presentata nella collettiva di apertura del MAXXI a Roma, finisce con l'essere anche una riflessione cinico-ironica sulle trasformazioni in corso nella società italiana ed europea che si va riempiendo di nuovi poveri, quelli che la sociologia contemporanea chiama "non persone", provenienti soprattutto dai paesi dell'Est e del Sud del mondo attratti dal miraggio dell'Occidente che solo agli occidentali appare al tramonto. Ma la cosa non finisce qui, in quanto Vedovamazzei realizza per la mostra alla GAM ancora un'opera che impiega il lampadario, dal titolo *Bluish*: questa volta le luci, affogate in un fumo azzurrognolo in una grande vasca di vetro, sono disposte come le stelle del Grande Carro. L'intento non è più morale o politico ma teatral-estetico e, dati il titolo e la forma, cosmico. Ecco: questa è la luce per una società che è stata definita da più parti "neobarocca", in cui le icone del comunismo e della democrazia, i livelli dell'alto e del basso vengono destrutturati e orizzontalizzati e, presentati "in vitro", ricollocati al di fuori della politica e al centro dell'esistenza. "In vitro" è una delle condizioni in cui è piombata la società contemporanea con le sue sperimentazioni sulla genetica, una cultura attiva nella ricerca di nuovi corpi, nuovi paesaggi in cui si inserisce l'opera, sempre nella stessa occasione offerta dalla mostra romana, *Armonia Meravigliosa*, che ci conduce al tema della natura-paesaggio. È una sala della stessa galleria le cui porte sono sigillate da un vetro come in laboratorio e attraverso cui vediamo una pozzanghera acqua e fiori incorniciati da mucchi di terra. I fiori sono ninfee geneticamente modificate non nella forma ma nella colorazione dei petali, presentano macchie di colore a dripping come se fosse intervenuto Pollock danzando col pennello nello stagno, invece che essere dipinte da Monet. In questo paesaggio, come in *Ghiaccio 9*, una pozzanghera fatta di ninfee e polistirolo al posto della terra presso le Papesse di Siena sempre nel 2002, troviamo un altro punto cruciale del lavoro di Vedovamazzei, nel senso dell'attenzione che si porta all'arte e ai suoi generi.

Del corpo e del ritratto abbiamo già parlato e in questo caso è ovvio che si sta affrontando il tema della natura come paesaggio, nel quale, come detto sopra,

10 *Climbing*, 2000
11 *Livelihood*, 1998
12 *155 a.C.*, 2001
13 *Go Wherever You Want, Bring Me
Whatever You Wish*, 2000

concorrono diversi elementi: la storia dell'arte espressa nelle figure e nei soggetti e nelle tecniche che vanno da Monet a Pollock, iniziatori rispettivamente della modernità e della contemporaneità, ma passando a seconda dei casi anche per Leonardo o Malevic. Da un lato infatti appuntare l'attenzione su questo tema dal punto di vista della modificazione genetica finisce per riguardare in tal caso anche il lato della scienza della natura come lo era l'anatomia nei lavori precedenti, mentre dall'altro, con ad esempio *Livelihood* del 1998 (un quadrato di marmo bianco su cui ci sono delle tracce bianche di passi) finisce per rileggere in chiave narrativa l'astrazione maleviciana del quadrato bianco su fondo bianco. Nel fare ciò viene non a caso scelto come punto di partenza un periodo collocato nella seconda metà dell'Ottocento, riferito agli esponenti dell'Impressionismo e particolarmente a Monet che operarono una rivoluzione nell'arte attraverso la centralità della loro azione estetica sul paesaggio, servendosi anche degli apporti e delle conquiste scientifiche del tempo. Ciò viene sottolineato in *Go Wherever You Want, Bring Me Whatever You Wish* del 2000, dove il rimorchio di un grande camion è trasformato in una piscina-fiume-lago al cui interno viene ricostruita una scena di un'opera di Monet comprensiva di acqua, giunchiglia, barca e pontile. Caratteristica di quest'opera-paesaggio è che può essere usata: si può, infatti, salire sul rimorchio del camion, entrare in barca e remare; ma è anche un paesaggio mobile nel senso che può essere portato da un luogo all'altro, da un paesaggio all'altro e quindi possiamo fare un giro nel e col paesaggio: potremmo, col paesaggio di Vedovamazzei, andare nei luoghi, nei paesaggi dipinti da Monet. Di quest'opera esiste pure una versione domestica, dove il piccolo lago è portato in un armadio coricato a terra. Nel paesaggio possiamo quindi starci dentro, o fuori in barca, guardarlo o essere guardati, possiamo stare in piedi o seduti come nell'opera *155 a.C.* del 2001 realizzata insieme a *Stella Maris O.G.M.* per il Parco de La Marrana dei coniugi Grazia e Gianni Bolongaro a Montemarcello. Si tratta di una panca in legno sulla quale siamo invitati ad accomodarci per ammirare tranquillamente il paesaggio circostante, ma non appena seduti sentiamo suoni (sferragliare di daghe, calpestio di cavalli), voci e grida di un'antica battaglia, che scopriamo essere quella combattuta contro i liguri dai romani guidati dal console Marcello e che dopo la vittoria diede nome alla collina. Se da una parte possiamo leggere quest'opera come una spettacolarizzazione del paesaggio, della dimensione culturale della natura, dall'altra essa ci dice che siamo seduti sulla storia, che abbiamo il passato sotto di noi e che la sua presenza fantasmatica può tornare da un momento all'altro. Ma se da una parte abbiamo questa forte presenza del passato, l'idea del futuro, seppur fatta arretrare dopo la modernità, non ci ha ancora del tutto abbandonati, come non ci ha

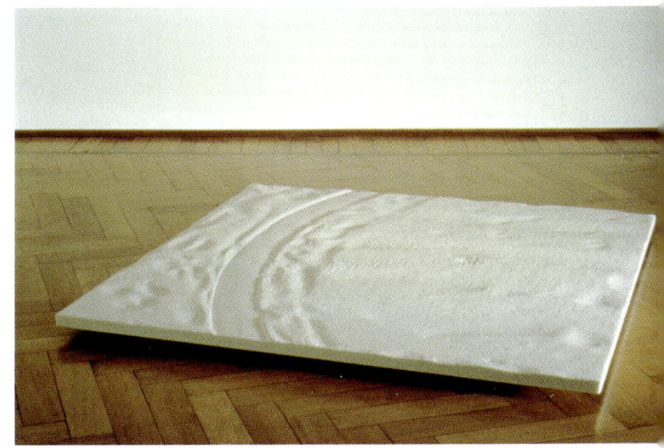

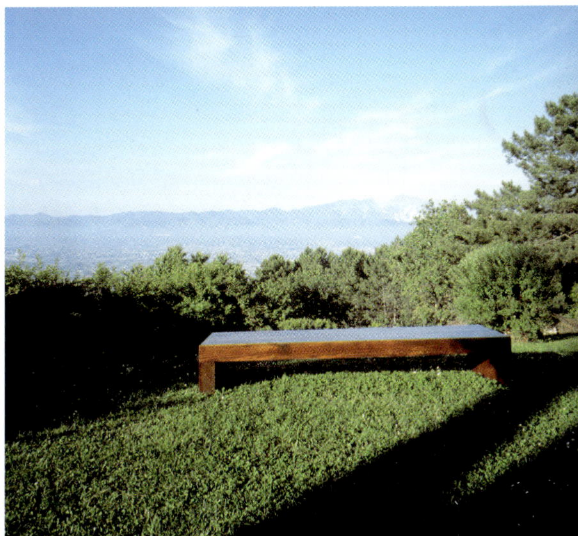

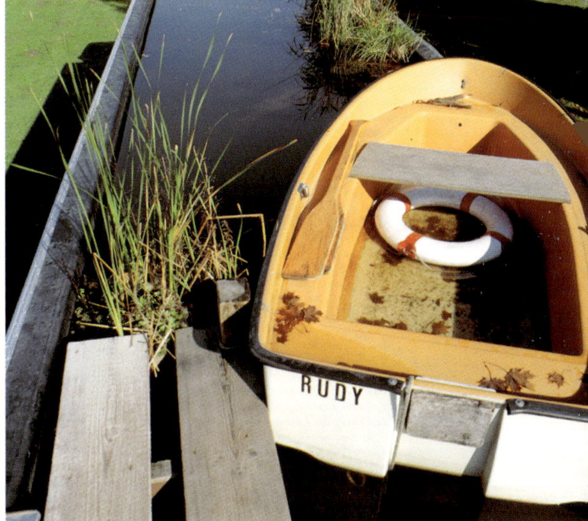

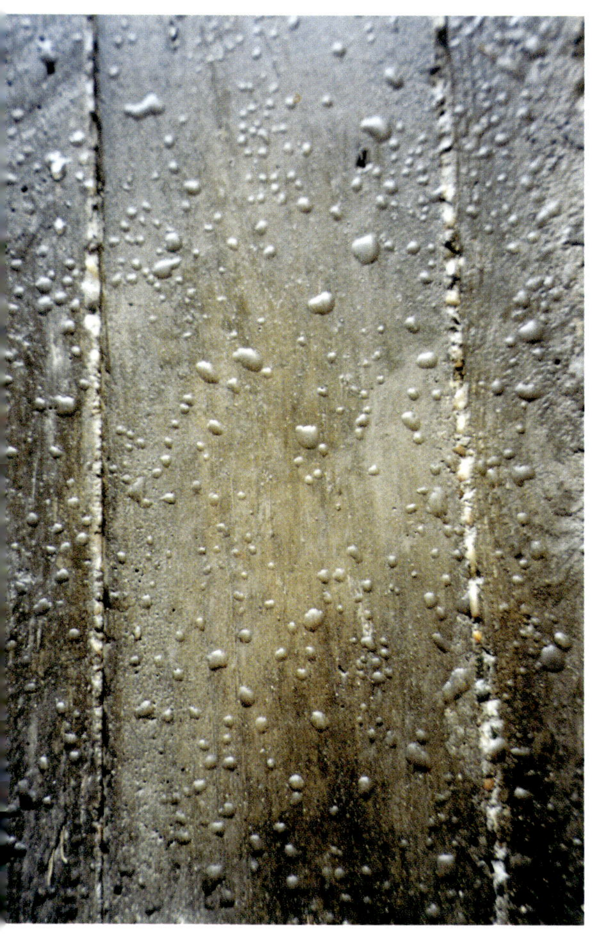

abbandonato la consapevolezza di come trasformiamo il corpo e modifichiamo l'ambiente, quali sono le prossime frontiere dell'arte e della vita e della morte che, come detto, sono al centro dell'opera di Vedovamazzei. Difatti *Stella Maris O.G.M.* (2001), dove O.G.M. non è solo la sigla di Organismo Geneticamente Modificato, ma sta anche per Oceano Geneticamente Modificato, è una collinetta nella quale si entra scendendo al di sotto di essa e all'improvviso nel buio appare una piccola vasca, un minuscolo oceano azzurro la cui acqua ha la composizione chimica di quella dell'oceano Pacifico. Tralasciando il fatto che la forma è di tumulo funebre, vediamo qui natura, cultura e architettura interagire; come pure in *Dew Drops*, 2001, un piccolo rudere di architettura, pilastri di cemento armato imperlati di rugiada. Tuttavia, prendersi cura della natura è proprio della cultura, in quanto dal suo stato di salute dipende anche la nostra condizione umana, perché come noi è un organismo vivo, ha sensazioni ed emozioni, come messo in evidenza in *Shy Plant*, 1997, una pianta timida in cui una foglia arrossisce quando qualcuno vi si avvicina. Ma la timidezza non è una delle caratteristiche principali dei nostri tempi spettacolari ed è su questo terreno che Vedovamazzei produce un'altra delle riflessioni più significative, come quelle sul corpo, o sul paesaggio. Difatti, abbiamo considerato il paesaggio come una forma di cultura della società dello spettacolo, vale a dire di un'immagine che sta al posto di un'altra realtà. Sappiamo bene infatti di non parlare di erba, piante, montagne reali ma di un paesaggio, leonardesco quando è immerso nella nebbia, cézanniano quando vi campeggia una montagna e potremmo pure parlare di paesaggio vedovamazzeiano quando ci troviamo all'interno di paesaggi artificiali, finendo in una relazione compromissoria del reale-virtuale. Di questa spettacolarizzazione fa parte una delle forme più artificiali di paesaggio costruito dall'uomo, quello dell'architettura. Va detto che l'architettura è da sempre una delle forme maggiormente reali e simboliche dell'umanità e per questo legata a una forma di spettacolarizzazione della realtà che si è ulteriormente accentuata nel tempo della condizione postmoderna. Non sarà sfuggito a nessuno il fatto che oggi vengono realizzati edifici capaci di funzionare come le piramidi, San Pietro, il Partenone, in quanto attrattori di flussi turistici. Ma accanto agli edifici sopracitati che hanno impiegato millenni per definire questa loro funzione e ridefinirla ora alla luce delle masse messe in movimento dall'industria culturale, adesso architetti come Gehry o Koolhaas progettano e realizzano e aggiungono architetture per questi flussi, una modalità che può essere definita, sia detto in senso positivo, come una sorta di "disneyzzazione della contemporaneità". Sta di fatto che alla luce di questi avvenimenti Vedovamazzei ha prodotto una serie di opere che mettono in evidenza la trasformazione della realtà architettonica e che per

14 *Dew Drops*, 2000
15 *Time without Example*, 1999
16 *This can't be Love*, 2003

pagine seguenti/*following pages*
17 *Neon nuvola*, 2001

ciò ha suscitato l'attenzione di autorevoli riviste di architettura come *Domus*. Ad esempio già nel 1999 nella personale intitolata *Time without Example* alla Galleria Artra di Milano vi è la ricostruzione di una parete, con tanto di porta, che i galleristi avevano abbattuta qualche anno prima per esigenze funzionali: solo che il muro "ricostruito" non è di mattoni e calce ma di vetro, e quindi trasparente. La parete allora c'è e non c'è, è e non è, è reale e virtuale allo stesso tempo, è presenza e assenza. Come per lo specchio che non specchia, qui abbiamo un muro destinato ad altra funzione, un corpo architettonico che possiamo attraversare, anche se solo con lo sguardo, un'opera che esalta il senso del vedere. È significativo che nella sala accanto si trovino anche 4 delle 16 opere fotografiche in cui sono state riprodotte le sensazioni visivo-cromatiche di persone in coma di cui abbiamo già parlato. Si tratta di esistenze impossibilitate a essere come lo è anche il sentimento dell'amore in *This can't be Love*, 2003, una foto dove campeggia una scritta rossa a spray, come fosse sangue o rossetto, su una parete fatta di blocchi di ghiaccio. Ancora un muro, una parete che esiste solo grazie alla fotografia, dato che nella realtà si è già dissolta nella precarietà della materia e dei sentimenti.

Questa trasformazione dell'architettura in una forma viva di spettacolo, che passa pure attraverso la Las Vegas di *Meanings of the City* analizzata da Bob Venturi, è visibile in *Neon nuvola* del 2001, dove una nuvola disegnata col neon, che ha la capacità di variare il colore col cambiare della temperatura e del clima, è posta, come un'insegna, sul tetto di un hotel toscano. Si tratta di un modo per rimarcare il rapporto fra tecnologia, natura e architettura quale nuovo elemento qualificante del paesaggio urbano. In questa continua indagine degli elementi interni ed esterni dell'abitare, in questo continuo passare dal piccolo al grande dal micro al macrocosmo, possiamo a pieno titolo inserire opere come *Sun Dam*, un'opera-muro realizzata nel 2001 in occasione della personale alla GAMeC di Bergamo. Vediamo che si tratta ancora una volta di una parete, elemento che, ricordiamo, ricorre fin dalla prima opera, un muro pieno di crepe e fori da cui fuoriescono fasci di luce fortissimi e un suono roboante. Il fatto è che quella luce e quel suono sono quelli del Sole che da dietro cerca di sfondare la parete, suono che è pure contenuto in *SoHO, Solar Heliospheric Observatory*, sempre del 2001, esposto nella sala accanto assieme a quello della Terra. Sono i veri suoni del Sole e della Terra scaricati da internet e poi incisi su dischi di vinile e collocati su una base bianca – in questo caso, mentre più tardi, per la partecipazione al Premio Querini Stampalia - Furla per l'arte con *Caveau*, i dischi vengono messi su una consolle con giradischi dentro una stanza-cassaforte con la possibilità di essere ascoltati. Difatti, Sole e Terra, astri e pianeti, come qualunque

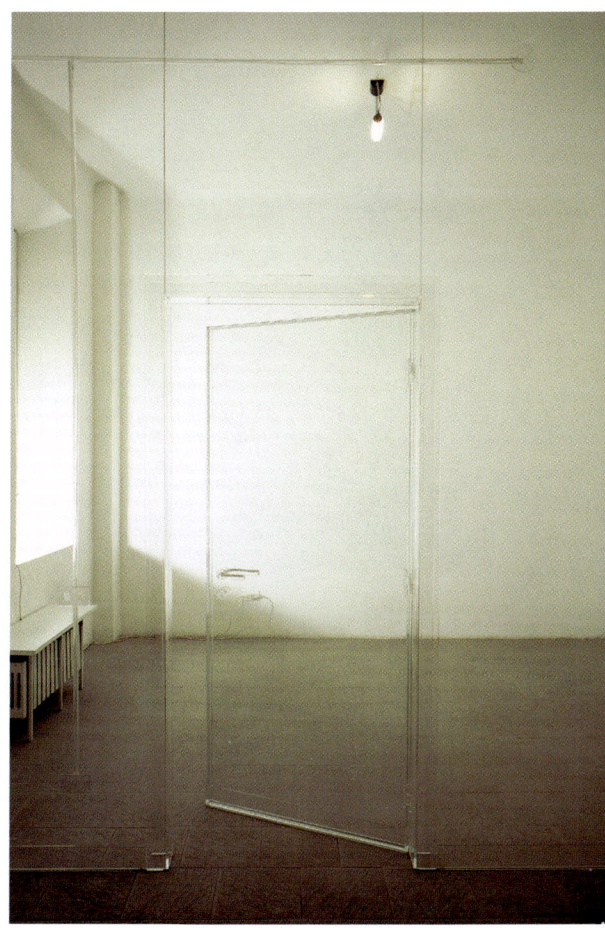

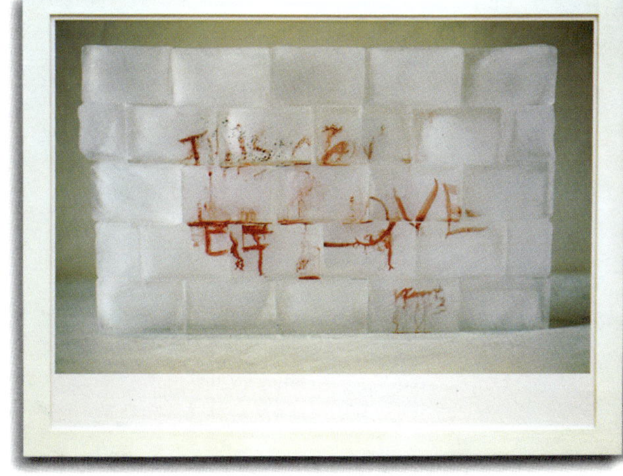

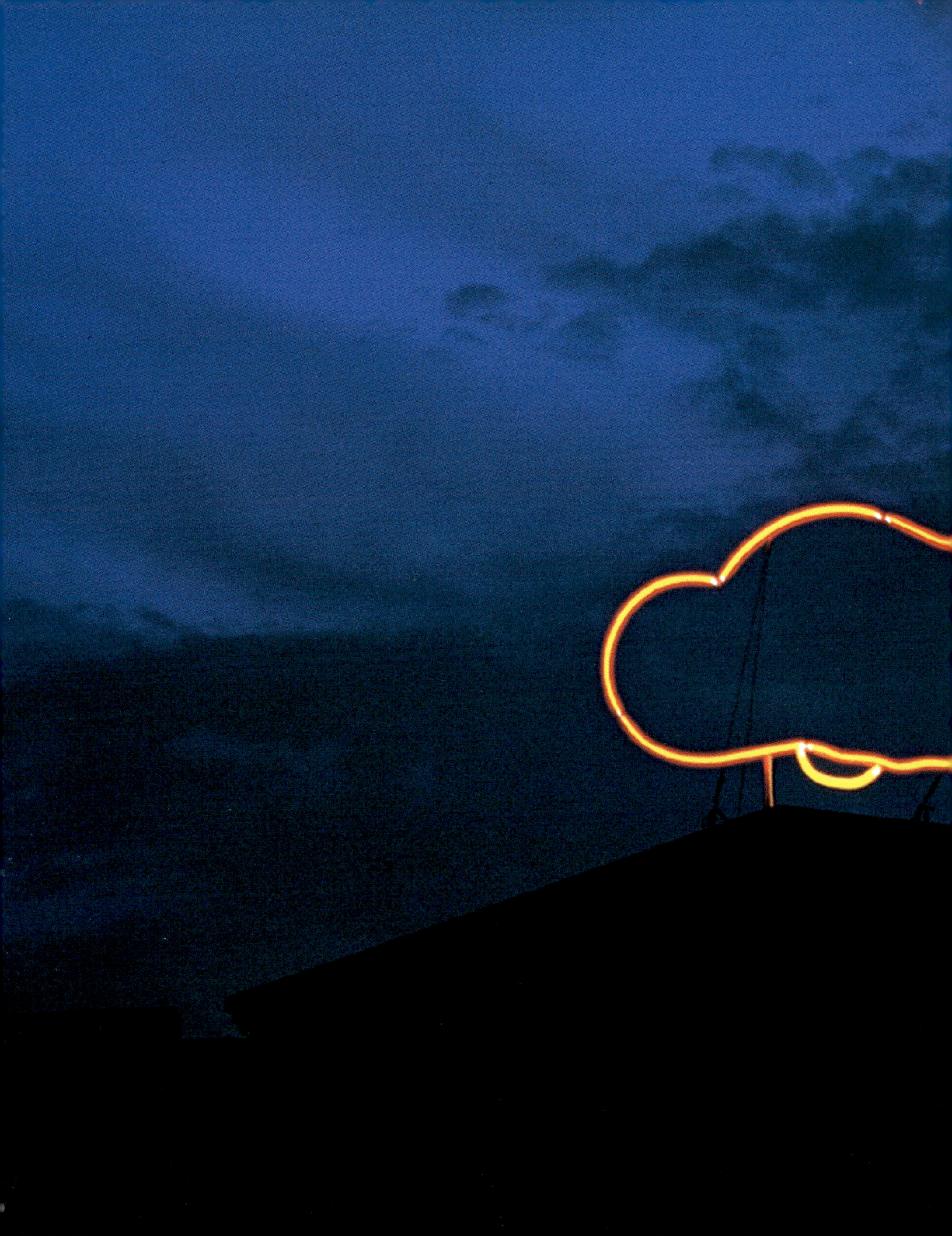

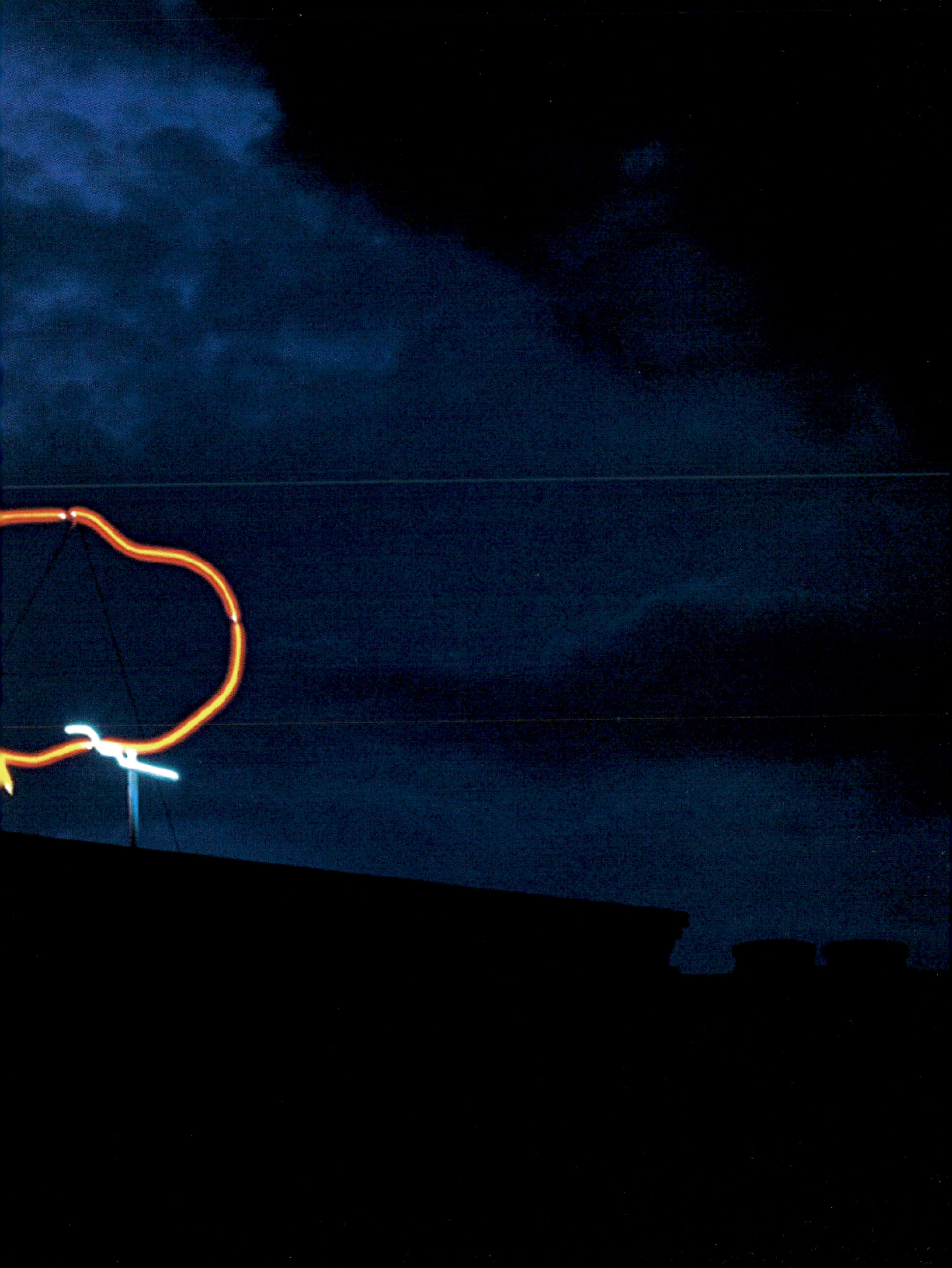

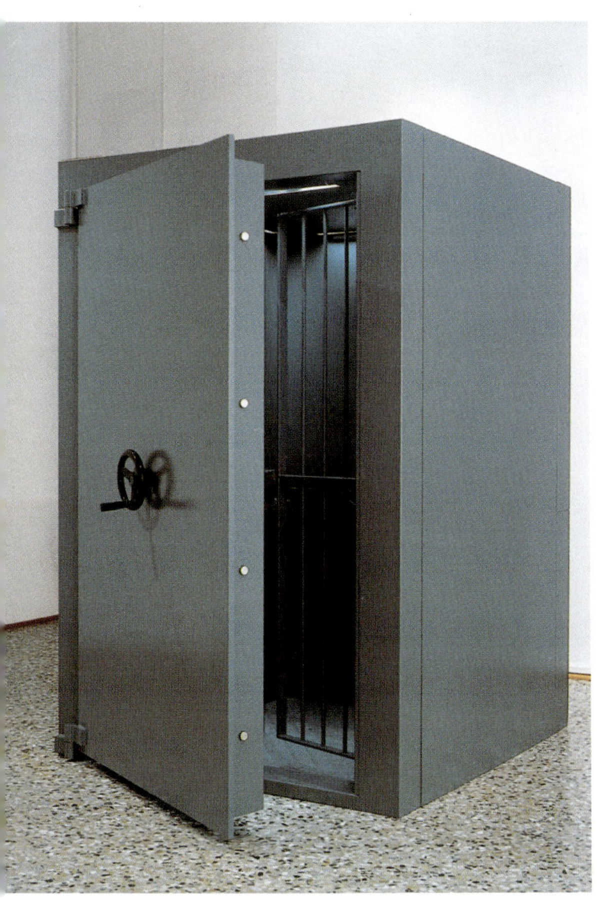

corpo in movimento, nella loro rotazione producono rumore, che non riusciamo a percepire in quanto coperto dall'inquinamento acustico prodotto dall'uomo, dalla natura e dalle cose, come avviene per l'inquinamento luminoso che nelle nostre città non rende più possibile la visione del cielo stellato. Ancora di muri si tratta per opere del 2004 come *After Balance* presentato allo Spazio Erasmus Brera a Milano e di *Butterfly Effect* quale installazione permanente presso il foyer del negozio londinese di Comme des Garçons. I due lavori hanno in comune il fatto che non sono verticali, il primo perché non essendo una parete fissa dondola come un'altalena dentro lo spazio che lo contiene, il secondo perché non ortogonale, ma inclinato. La prima opera è un pezzo di muro ritagliato dentro una parete preesistente, la seconda è un muro di acciaio inox specchiante su tutti i lati inserito nel foyer con un'apertura al centro attraverso la quale accedere. La prima non ha passaggio, ma solo un movimento che ci fa capire che viviamo in una situazione di pericolo e di incertezza financo nelle pareti domestiche, la seconda la possiamo attraversare, sempre a nostro rischio e pericolo e mentre lo facciamo veniamo pure riflessi e data l'inclinazione siamo rispecchiati in maniera non ortodossa. Il mondo della moda è un mondo pieno di specchi, anzi si può dire che non esisterebbe senza lo specchio, ma va aggiunto che la parete specchiante di Vedovamazzei proprio per le sue caratteristiche di instabilità architettonica e dell'immagine non è accondiscendente, ma tenta di produrre una critica dall'interno al sistema della moda stessa, utilizzando i suoi stessi strumenti. Da che mondo è mondo lo specchio riflette il mondo così com'è, lo copia, lo duplica, ma se ciò non avviene più significa che il mondo non è più quello che è ma quello che ci sforziamo di far essere, pertanto se nello specchio l'immagine non appare, o meglio non si riflette, viene spezzato il narcisismo del mondo con tutta la sua messa in scena della soggettività. È la messa in scena del soggetto attuata dall'oggetto muro che si inchina, diventando, così, qualcosa di vivente, una sorta di organismo metafora della nostra esistenza precaria come accade in *After Love* del 2003. Si tratta della ricostruzione della casa di Buster Keaton, vista più volte nel cortometraggio *One Week* del grande comico americano. Più che una casa è un'icona dell'impossibilità di costruirla e se pensiamo che questo film viene girato negli anni venti, quindi in piena modernità, in un periodo in cui l'architettura esalta linearità e ortogonalità, capiamo la capacità di premonizione dell'arte. Qui le pareti sono sghembe, tutta la casa si muove a zig-zag come la maschera tragica dell'attore, nulla e niente sta in piedi come se un tornado continuasse a soffiare... Non c'è bisogno di niente di più, ma siccome mi piace lo spreco lo faccio lo stesso, dicendo come quest'opera di Buster Keaton sia una fuga dalla modernità, mentre quella successiva di Vedovamazzei è un commento

18 *SoHO (Solar Heliospheric Observatory)*, 2001
19 *Tornado*, 2000
20 *How to Disappear Completely*, 2000

alla condizione postmoderna dove la linearità evolutiva è messa in discussione da una concezione dal tempo circolare, o spiraliforme. Allora è metafora di un'epoca in cui alla certezza di una soluzione possibile: da una causa data segue un effetto certo, si sostituisce l'incertezza, la complessità, la differenza; al posto dell'ordine è messo il disordine provocato magari dal battito d'ali di una farfalla nelle Filippine che finisce, moltiplicando esponenzialmente la turbolenza, per generare un tornado in America. Se, infatti, non possiamo governare con ordine una realtà in cui il disordine è all'ordine del giorno, vorrà dire che bisogna cercare di fare i conti con il caos e adattarsi alle circostanze e per questo non c'è necessità di uno stile utilizzabile in ogni occasione, ma, come detto, di uno stilelibero, quello che Vedovamazzei impiega oramai da più di dieci anni. Stilelibero mentale e formale che gli permette di pensare e realizzare opere come *Tornado*, sia quale progetto di tornado chiuso in una teca di vetro alta circa 7 metri e larga 3 con l'idea di poterlo prima o poi realizzare non appena tecnologia ed economia lo permetteranno, sia come piccola scultura in lana di ferro dentro una scatola di cartone (2003). Dopo il passaggio dell'arte come dopo quello di un tornado niente è né può essere come prima: ma non possiamo fare a meno di notare come ci sia una relazione tra natura che crea o ricrea anche quando distrugge e arte capace di creare anche dalla distruzione e dal suo effetto terminale che è quello della morte. Su ciò andiamo ripetendo fin dall'inizio come Vedovamazzei porti una riflessione costante e leggera, perché compito dell'arte è anche quello di darci confidenza con la morte. Non c'è bisogno, infatti, di ripetere come tutta l'arte, grande o piccola che sia, abbia fatto della sua elaborazione un punto centrale, e così Vedovamazzei – che non si sottrae a tale necessità – oltre alle opere di cui abbiamo parlato ne ha prodotte altre a tale proposito. In questo senso pensiamo a *How to Disappear Completely* del 2000, una sedia a rotelle dotata di remi, che dovrebbe servire al disabile per remare qualora cadesse in acqua, mentre è ovvio che ciò è impossibile e che questa modifica tecnica è un invito alla morte. Sempre di questa relazione *Vitamorte* parla *Carlo Vogt racconta*, pubblicata nel 2000 come progetto nel numero 0 della rivista *Perché?* e oggi realizzata come scultura al neon per la mostra alla GAM: è il racconto di due cicogne adultere che uccidono lo sposo. Ecco, allora, che non poteva mancare nell'orizzonte estetico una messa in opera dell'architettura della morte, cosa che accade come processo ironico già nel 1995 con l'opera *Untitled*, che altro non è che un piccolo cimitero di mortadella, e più recentemente con *Poor National Cricket*, 2003, riproducente un piccolo cimitero inglese, dal cui titolo si evince che questo della morte è un terreno di gioco nel quale giochiamo quotidianamente la partita a termine della vita. In queste opere non c'è la solennità architettonica con cui

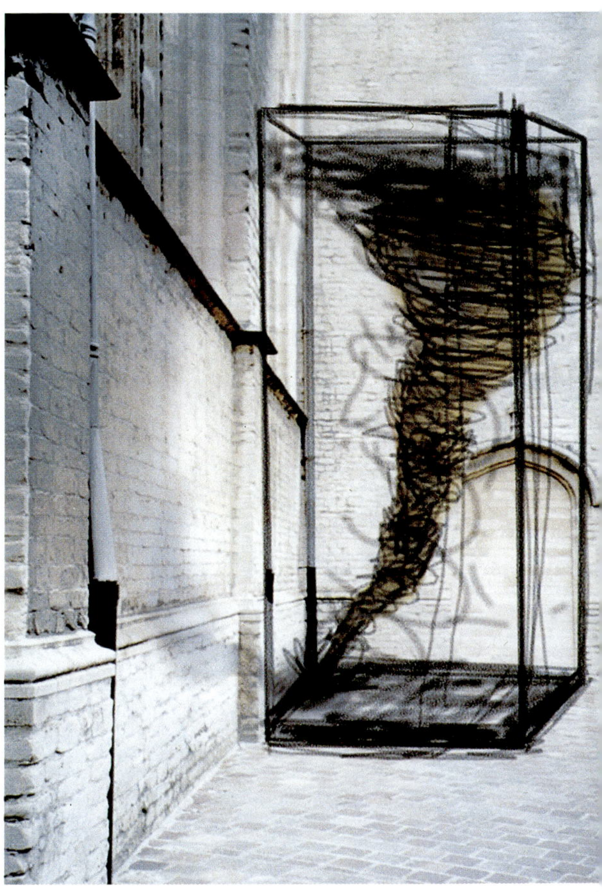

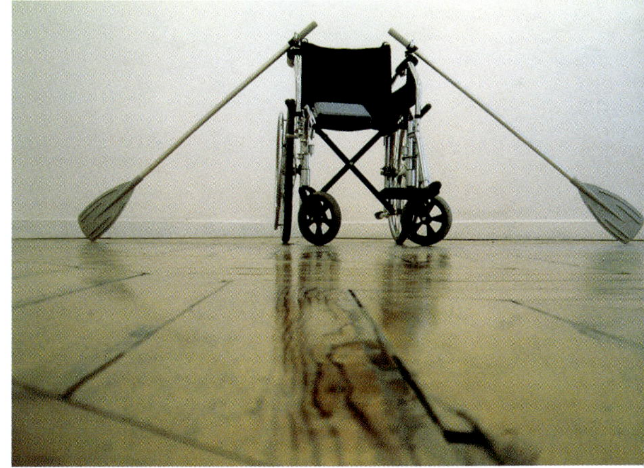

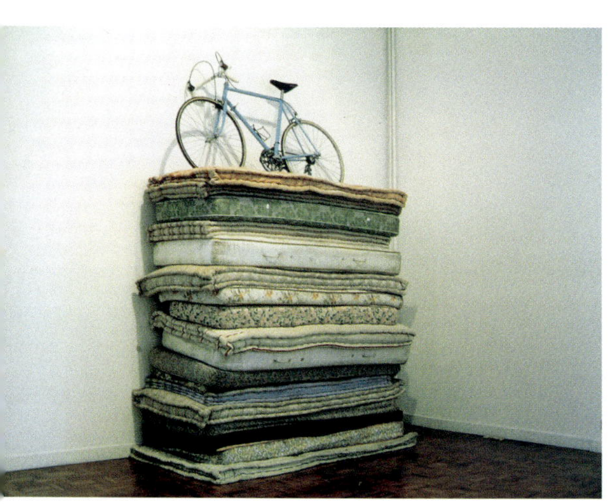

viene normalmente trattato il tema della morte, ma più la consapevolezza di quella relazione disincantata con essa. Disincantato è, infatti, il monumento alla memoria di Coppi *My Weakness* del 2000, in cui una bicicletta Bianchi da corsa, del tipo di quella usata da Coppi, è collocata, possiamo dire "messa a riposo" facendo leva sul doppio senso di questa parola come riposo appunto e come morte, su una pila di materassi. Ma Vedovamazzei per parlare sia della vita sia della morte non riposa mai, come testimonia la sua ampia produzione, tant'è che ci piace concludere ricordando l'opera *Storia naturale di Vedovamazzei*, 2003, un "racconto" infinito fatto di 400 acquarelli, una sorta di diario di progetti realizzati, da realizzare e di opere autonome. Oltre a parafrasare il titolo di una importante opera boettiana, *Storia naturale della moltiplicazione*, questa di Vedovamazzei costituisce, lo ribadiamo, un diario artistico-esistenziale, un'opera a stilelibero che si compiace continuamente della vita e della morte dell'arte.

21 *My Weakness*, 2000
22 *Una piccola bomba francese*, 1999

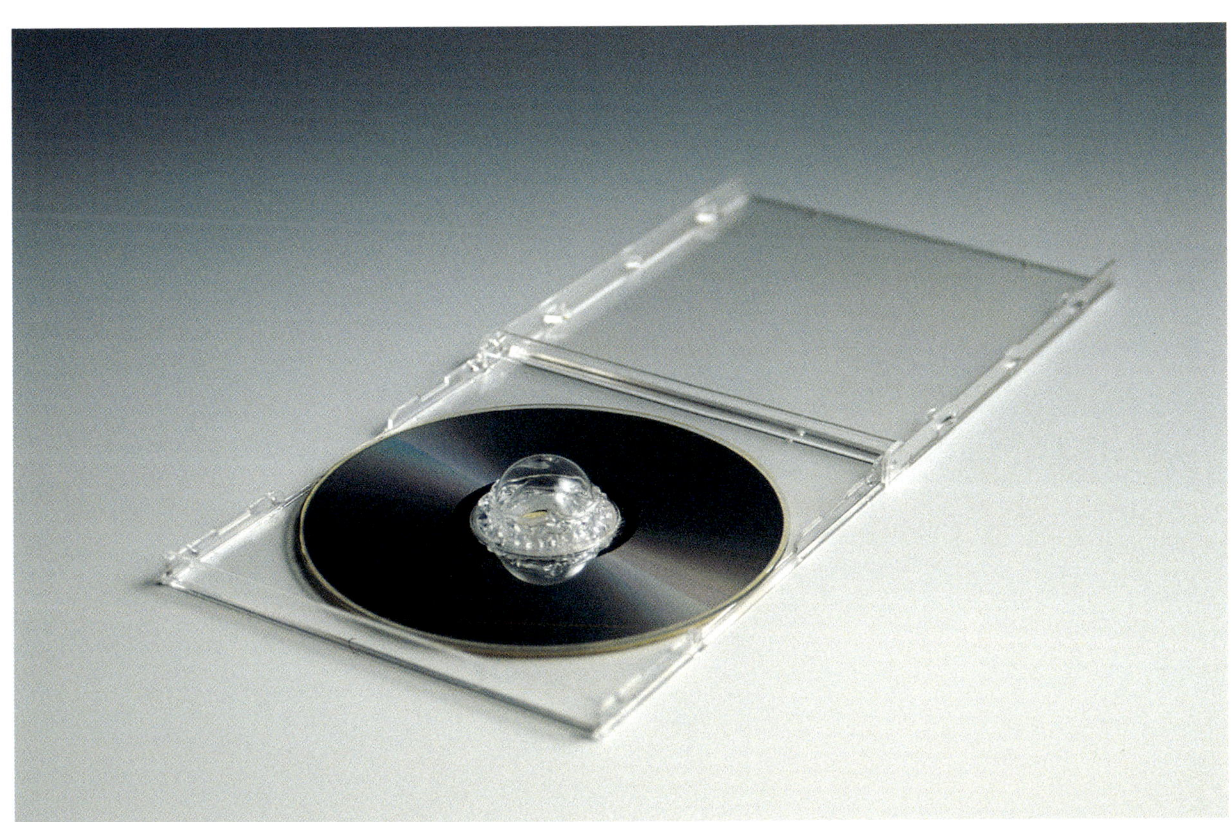

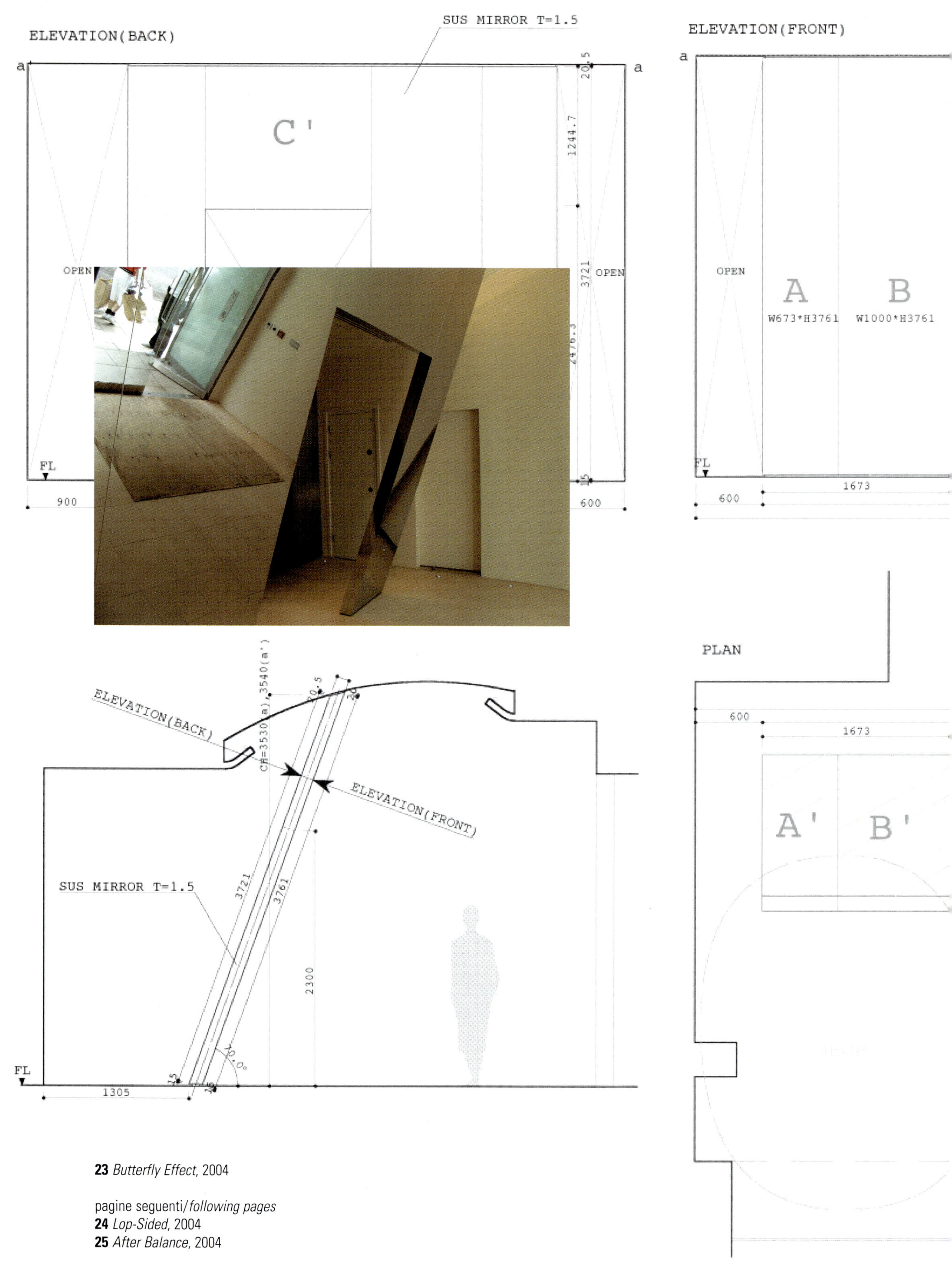

23 *Butterfly Effect*, 2004

pagine seguenti/*following pages*
24 *Lop-Sided*, 2004
25 *After Balance*, 2004

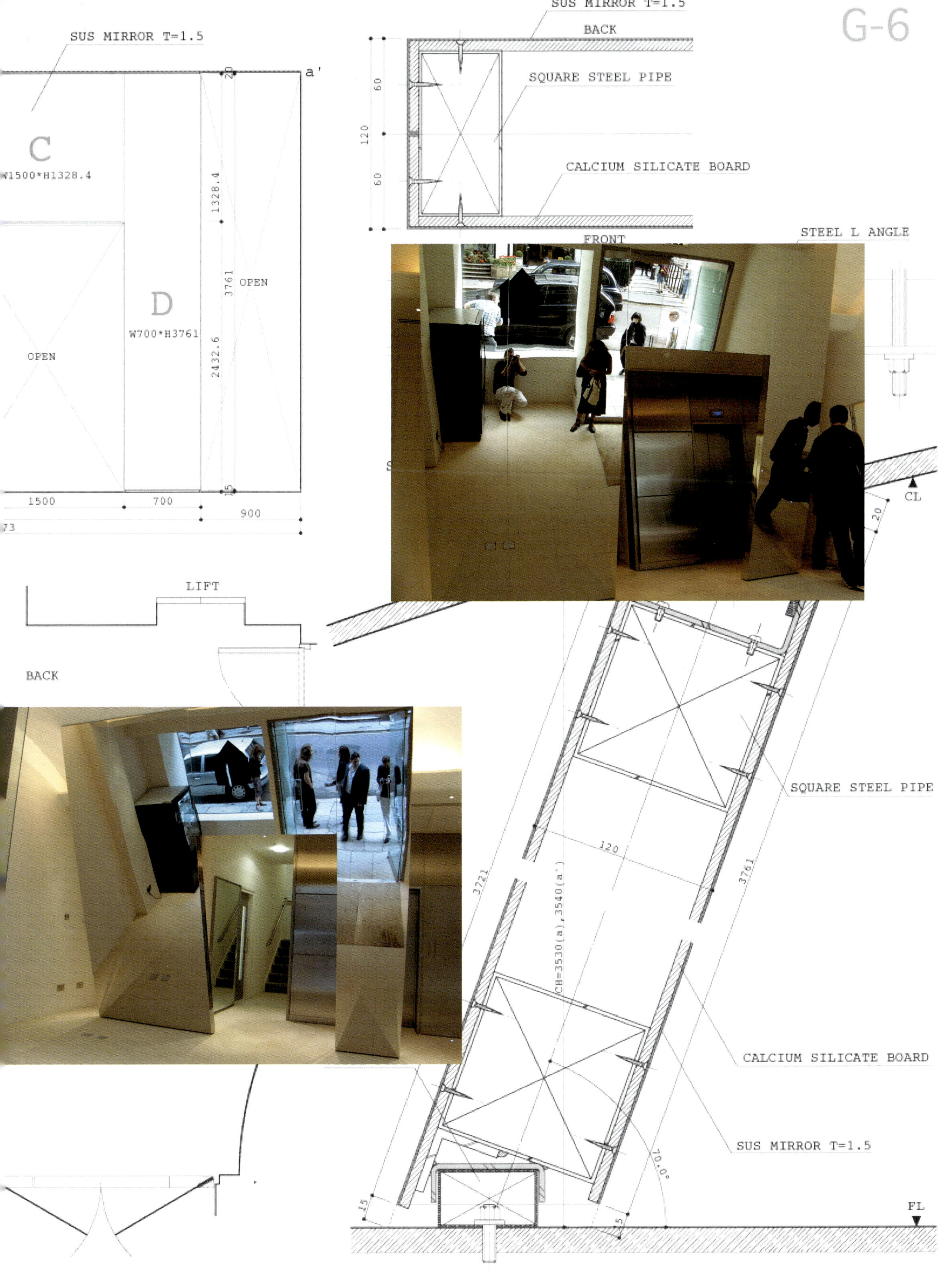
SUS MIRROR T=1.5
SUS MIRROR T=1.5
BACK
G-6
SQUARE STEEL PIPE
CALCIUM SILICATE BOARD
C
W1500*H1328.4
D
W700*H3761
OPEN
OPEN
1328.4
3761
2432.6
1500
700
900
FRONT
STEEL L ANGLE
CL
LIFT
BACK
SQUARE STEEL PIPE
CALCIUM SILICATE BOARD
SUS MIRROR T=1.5
CH=3530(a),3540(a')
3721
3761
120
70.0°
FL
STREET PROJECT   GROUND FLOOR (J-1F)   FURNITURE G-6   1:20,1:2   04.08.19

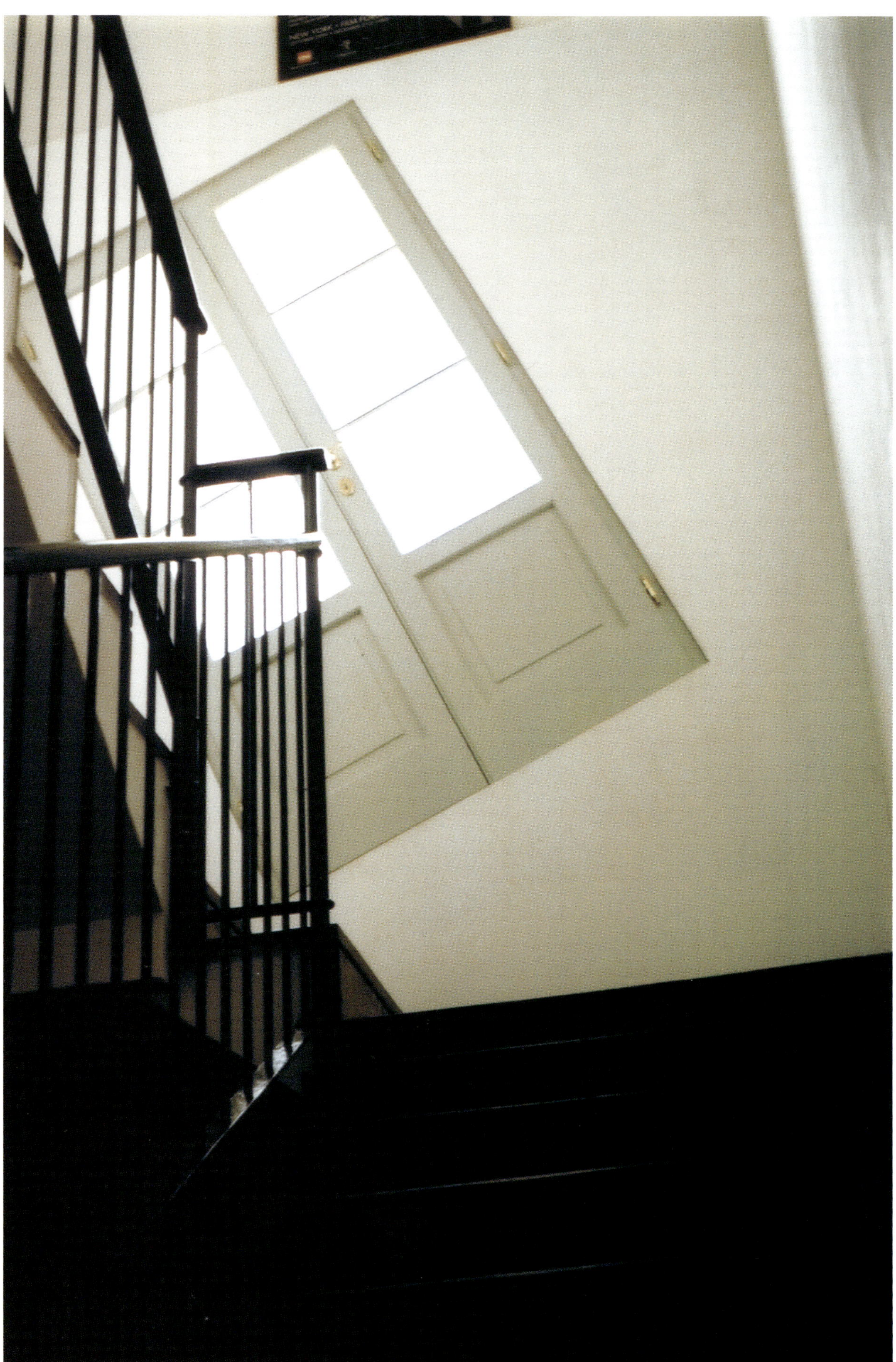

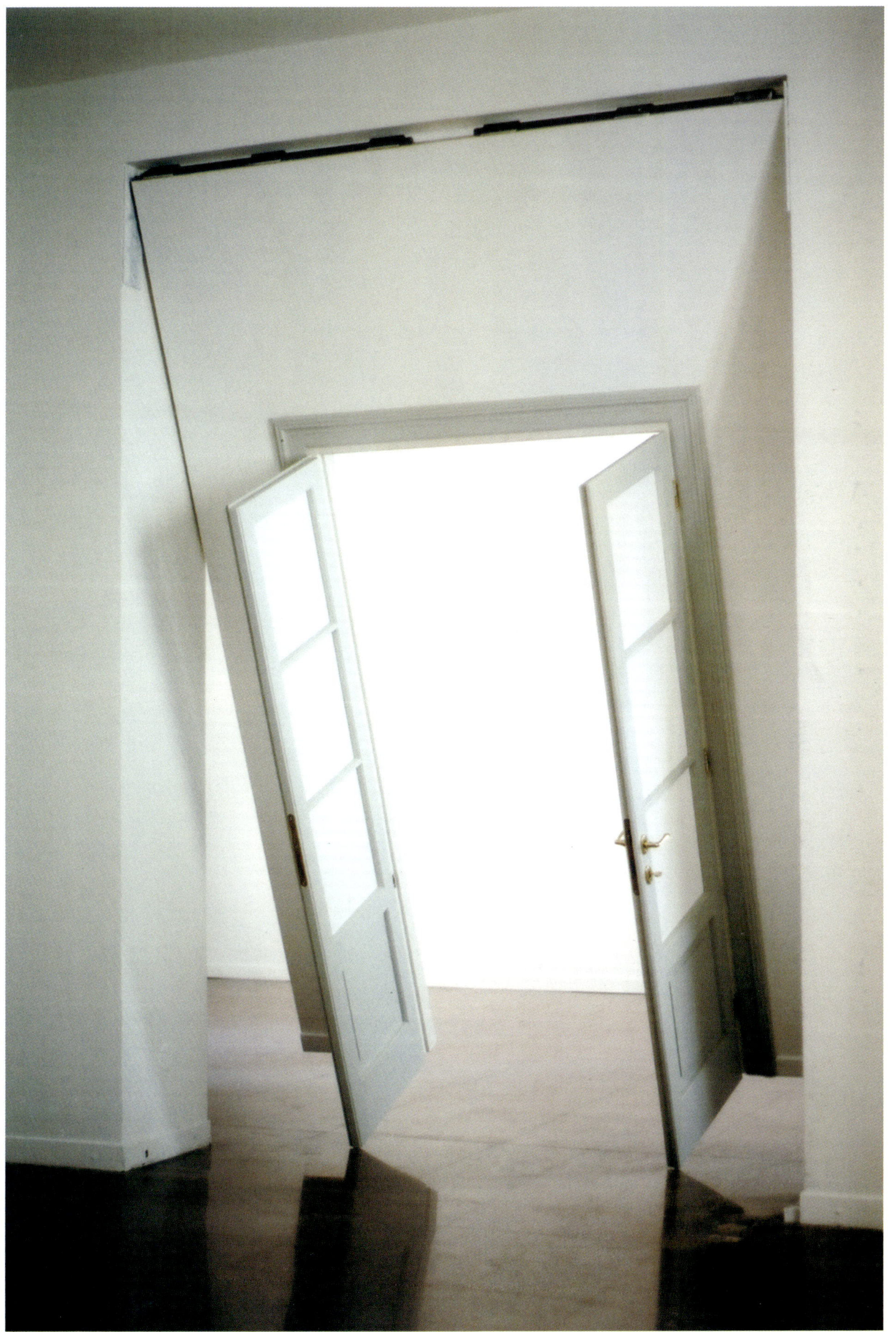

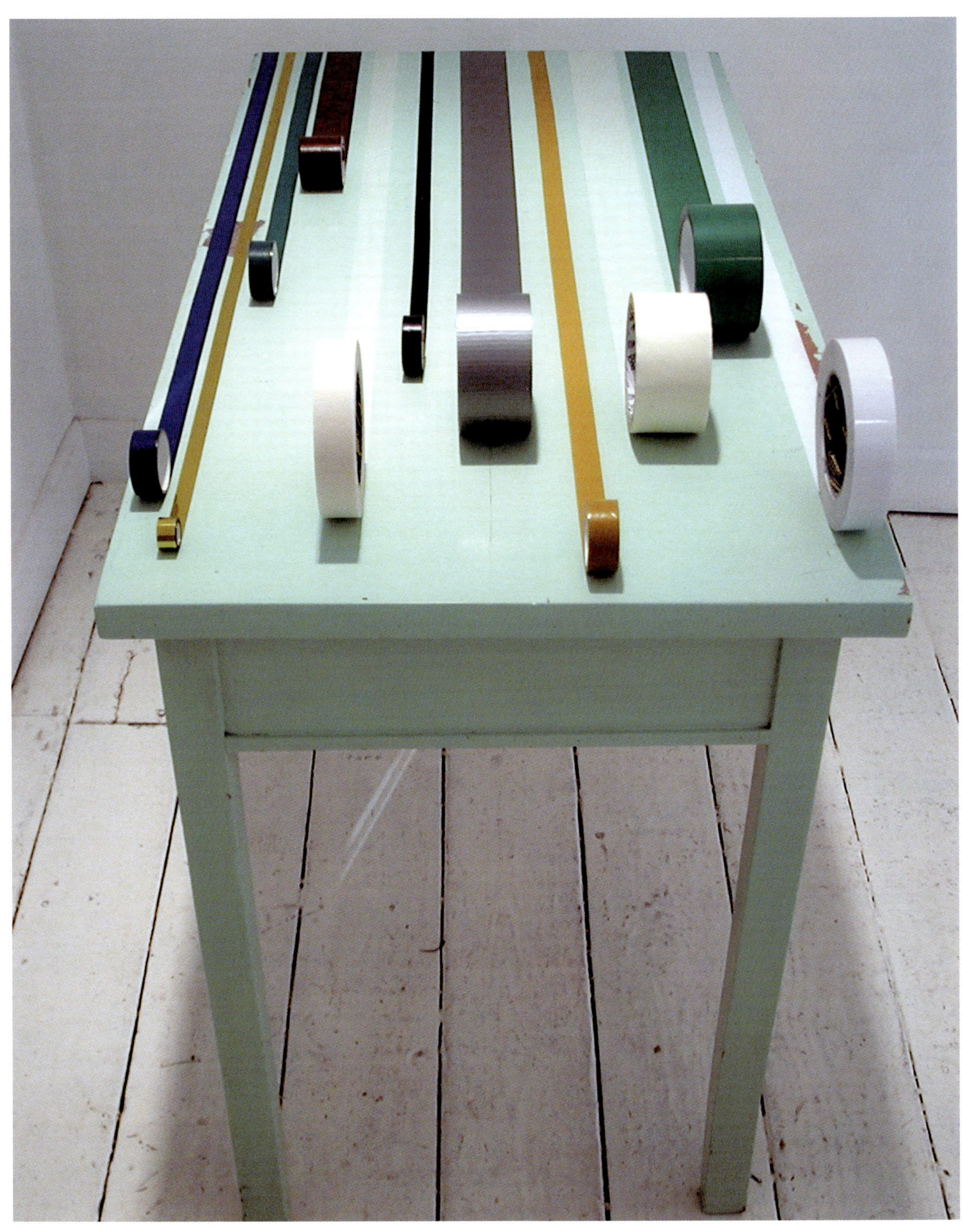

26 *Kyoto River,* 2004
27 *Isn´t it Romantic,* 2004

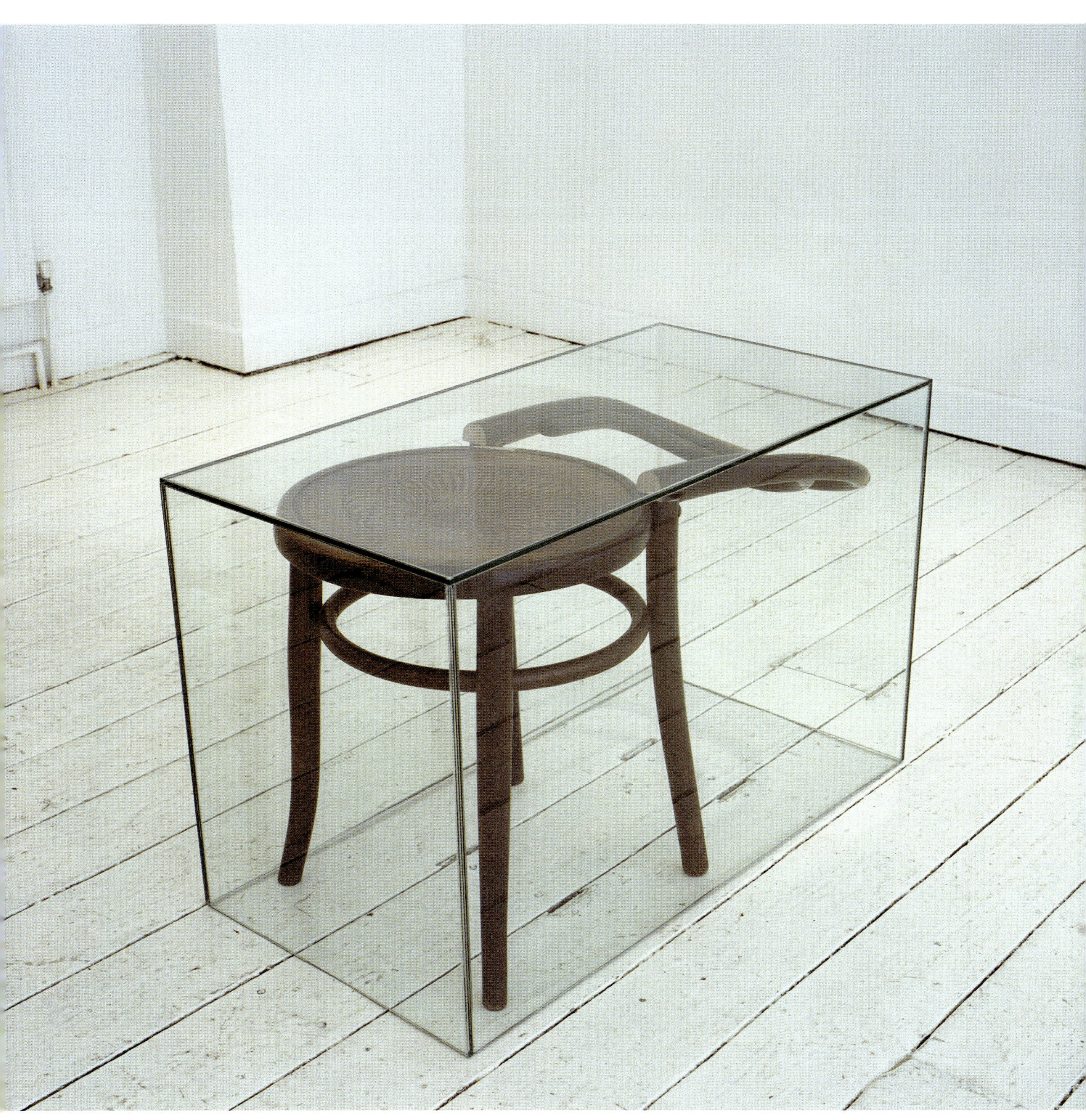

Vitamorte – Vedovamazzei's Lifedeath

Giacinto Di Pietrantonio

Stella Scala and Simeone Crispino met up as students in the eighties at the Liceo Artistico in Naples, before going on to the Accademia di Belle Arti. Once they had finished their studies, they decided to work together and form an artistic couple. This was during their first public appearance, in the early nineties, and it was then that they changed their names for that of Vedovamazzei. The year was 1991 and the exhibition was held at the Institut Français in Naples, about which more later. The art world is of course full of artistic couples: Bernd & Hilla Becher, Gilbert & George, Fischli & Weiss, the twins Jane and Louise Wilson and the Starn Twins, or Christo and Jeanne-Claude, Claes Oldenburg and Coosje van Bruggen, Ilya and Emilia Kabakov. The last three of these might be termed neo-couples, as they came together as such only many years after one of them had already established their own art and style; but there are also Marina and Ulay Abramovic, the former historic Body art couple who are not longer together either artistically or sentimentally, and so many, many other couples... And yet there are some aspects that distinguish all these couples from Vedovamazzei: on the one hand there is the fact that they all have a formal, well-defined style, while Vedovamazzei do not have any clearly recognisable style, for they adapt form to occasion, and indeed it can be said that the style of form perishes and is reborn with each work of theirs. This is a new way of interpreting the modernist saying "Form follows function", better updated in the post-conceptual era as "Form follows thought". But another difference is in the name. As you will have noticed, when they decided to form an artistic pair, Stella Scala and Simeone Crispino adopted a fictitious appellation: Vedovamazzei. A third name, while others maintained their first names and/or surnames precisely as though wishing to safeguard their own individuality in any case. On the contrary, by adopting a third name, Vedovamazzei annul themselves and create a new identity. But of course my readers, great and small, will object by saying there have been and there are also other couples and groups who have adopted a single name. These include the Italian Premiata Ditta, the French IFP (Information Fiction Publicité), the Ingold Airlines in Germany... That is correct, but these are brand names, while Vedovamazzei is a real person's name – even though found by chance – and thus a veritable *nom trouvé*.

There are various versions about this, all of which are confirmed by the pair, who often have fun confusing matters. But at this point we shall not even try to find out what the real version is (*trouvé* on a tomb in a Naples cemetery, or *trouvé* on the door of a house in Naples, or *trouvé* on the ground..., or even: *trouvé... trouvé... trouvé...*), because we would never unravel the mystery. And possibly it would not be of the slightest interest to our disquisition anyway, nor to that of Vedovamazzei's art. For example: would it make much difference as far as the work of art is concerned if Duchamp had brought his bottle rack in a shop, or taken it from his own cellar, or from that of a friend?

And indeed, what is interesting in the case of Vedovamazzei is the fact that it is a *nom trouvé* and thus can be considered as a "ready made name" — in other words as their very first work of art. For this reason, unlike other artistic couples, the problem of identity acquires a different importance. This is because, while others are interested in maintaining their own individuality within the couple, from this point of view Vedovamazzei cannot even be considered as a couple, but as a unit, a non-couple couple, a former couple, a couple that puts an end to the couple. So the couples that maintain their own first name and surname need a style that unites them, while Crispino and Scala — who are united by the name Vedovamazzei — do not feel this need and thus end up using a free-style. Then the conceptual value inherent in the name should also be pointed out, for Vedovamazzei is composed of two names, "Vedova" and "Mazzei", in which the first is an adjective (literally "widow") qualified from the second: in other words, "the Widow of Signor Mazzei". Now quite apart from the links that might be formed with disquisitions about the widow as a celibate machine of the Dadaists, and Duchamp more than anyone, about which plenty has already been said and written from Schwarz onwards, it is worth supporting our thesis by adding that the Widow of Signor Mazzei, even though alluding to a couple, is in fact part of a former couple, for she is alone. She is a unit and an individuality, even though she relies on and remembers another person, about whom the only thing still alive is the name. Now the importance of what might seem a play on words lies in the fact that the name chosen by our couple is the symptom of an age, for it was adopted in the early nineties. This was a period when the annulment of individuality brought with it a new course that replaced the centrality of the ego which had been revived during the postmodernists eighties. But there are still those who believe that each name bears a destiny that we might refer to as existential, and Vedovamazzei bears that of art. On the one hand, their choice shows a highlighting of the female to the detriment of the male, and this too was a symptom of a new age in which the assertion of the woman was becoming increasingly strong. Even so, it should be stressed that this happened quite naturally in Vedovamazzei, and ours is a subsequent consideration about which they have never spoken, nor even consciously sought. On the other hand, the name bears a characteristic of the existence that leads us into the cycle of life and death, and indeed arises out of a death certificate, in which life – in other words, the Widow – is Signora Vedova and death Signor Mazzei. Quite apart from all the possible and necessary interpretations that may be made about the work of Vedovamazzei, the life-death – or *Vitamorte* – relationship appears crucial. First of all, like Vedovamazzei, *Vitamorte* consists of two words, which begin with the same letters V and M, and have the same meaning: *vita* ("life") like the Widow, who is alive, and *morte* ("death") like Signor Mazzei, who is indeed dead. Furthermore, the work of Vedovamazzei belongs to that Neapolitan tradition that has made its relationship with death the reason for its life – no pun intended. This lies in the fact that its relationship with death, and the way it deals with death, reveals the profundity of a civilisation. Indeed, it should be stressed how it is in our relationship with death that we are distinguished from animals, and how this relationship-formulation led to the first forms of art. This relationship is consumed in different manners: as drama, as tragedy and as disillusionment. On this point it should be said that the Neapolitans have managed to bring all these characteristics together, for their special relationship with death is one of tragic disillusionment. To fully understand this, one needs to know that in Naples, more than anywhere else, it is not so much death as the dead that are made to feel at home. They are friendly presences with which to enjoy pleasant conversation. Like this, death is not experienced with fear but with philosophy. In other words, with tragic disillusionment: we need only think of Totò's democratic philosophy in *'A Livella*, or the request for lottery numbers as we see it in Eduardo de Filippo's dramatic and ironic plays, or again in many of Francesco Clemente's paintings, or in the mountain of salt, Mimmo Paladino's *Montagna di sale* erected a few years ago in Piazza del Plebiscito. Or, of course, of Vedovamazzei, because everything in Naples is ironically put into practice in life before being turned into art – just as the ironic popular saying "See Naples and die" would suggest. The Neapolitan author Ernesto de Martino long reflected on this relationship between life and death, this *Vitamorte.* One of the most important ethnographers of the last century, he explained in his book entitled *Morte e pianto rituale nel mondo antico* (1958) the real dynamics and symbolism of death and the approach to mourning that has been adopted ever since antiquity by the Mediterranean peoples, in which the common denominator are the woman – Signor Mazzei's widow – with their sometimes theatrical wailing. In this relationship with death, life is considered by art also as a matter of alchemy, a continuous transmutation that we can see, for example, in the Cappella of the Prince of San Severo, Naples, in the relationship between Sammartini's *Christ Veiled* and the anatomical-alchemical experiments of the Prince of San Severo. This is a triumph of Baroque, a period that established a decisive existential-theatrical relationship with death. In this climate of life and death, between what is real and what is virtual in the sense of the theatricalisation of existence and what exists, Vedovamazzei's *Vitamorte* acquires a sinister new light when we analyse their works of art. It must be said they do not take sustenance solely from the Campania hinterland but, as we shall see further on, they broaden their vision to encompass the rest of the world.

As was pointed out at the beginning, their first appearance took place in Naples in 1991 at the Institut Français, where Vedovamazzei presented a "mural" work, an image created out of so many little holes in a wall and in which the relationship between the little hollows of the holes and the solid parts of the white wall created a sort of graphic pointillism. This negative/positive relationship was used to draw a crawling baby in a work that was entitled *Bebè*. This debut gives a good idea of the conceptual calibre behind the choice of the name Vedovamazzei, as we have already mentioned, as well as behind the work itself and the fact of starting out from drawing, which is the quintessential conceptual-design medium. The work is indeed a baby, and thus a portrayal of the beginning of life as a metaphor for the creation of the new artistic entity of the Scala-Crispino duo: the two bodies become one, Vedovamazzei, also as a possible response to the 1980s' *One that divides in two* of Francesco Clemente, who in turn continued Boetti's *Double by halving* from the 1970s. It was with this figure that attention was paid to the body, not as the Narcissus-subject of the previous decade, but as a crucial subject analysed by various artists in the relationship of science-body (*technological society*), fashion-body (*image society*), media-body (*show-business society*), aesthetic-body (*society of perfection*), ethic-body (*society of the spirit*), healthy body (*well-being society*), sick body (*society of uncertainty*), simulacrum-body (*society of the other*), virtual-body (*society of the immaterial*), and body-body (*society of to be or not to be*) during the nineteen-nineties. Already the eighties had seen the beginning of this slide towards a reconsideration of the transience of the body due to the spread of AIDS. But in the nineties this awareness was extended to the difficulties of the body in general and, as always, Vedovamazzei accompanied this celebration of birth with steps towards death, as was to occur in later works such as *E 127* in 1995, and in *Babies in Waiting* in 1996. The first consists of a little polystyrene table bearing a series of cigarettes reduced to ash, which Vedovamazzei calls spermatozoa, and here the relationship is clear between sperm, the germ of life, and ash, the substance of death. The second, on the other hand, is a photograph of a nurse caught spitting into a jar of liquid nitrogen containing

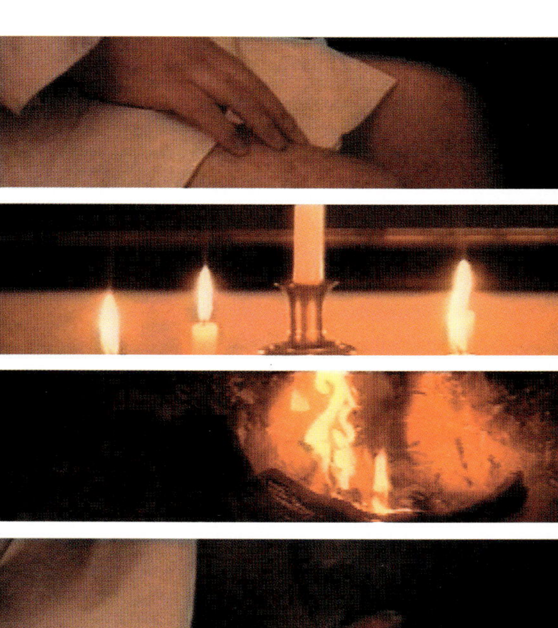

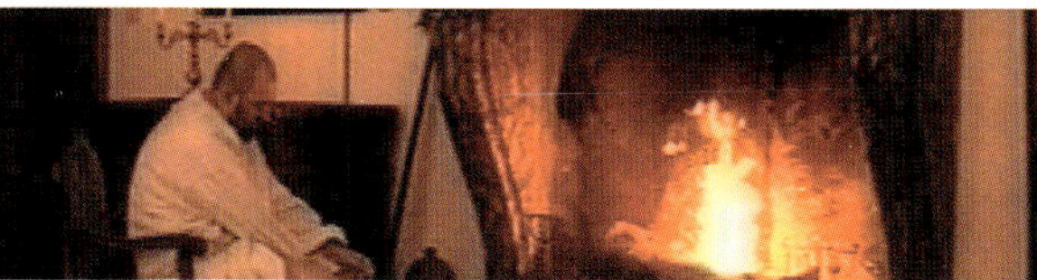

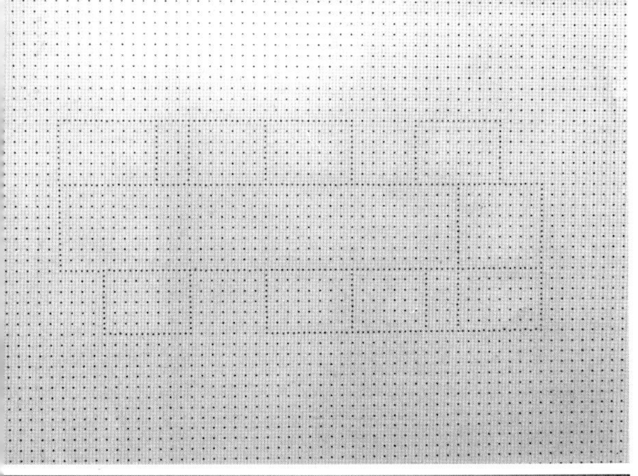

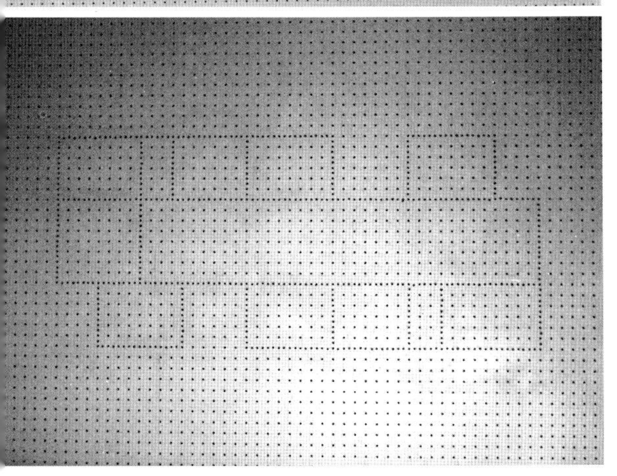

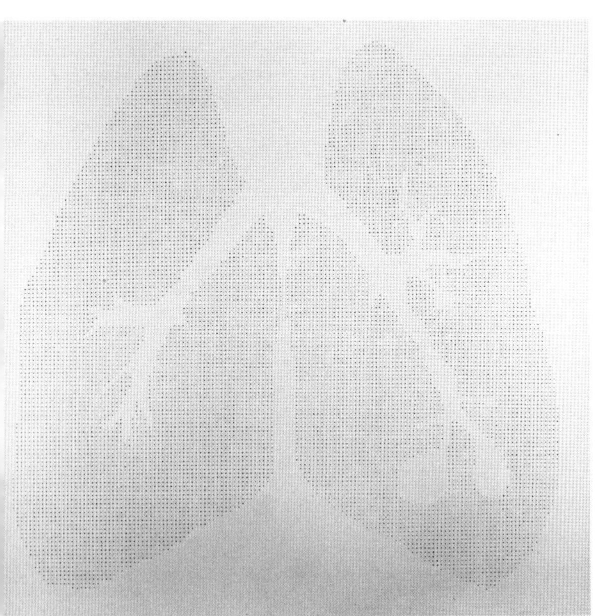

sperm for artificial insemination, thus compromising its fertility. Even though in a different manner, the same thing occurs in *A Modest Proposal*, a video of 1998 in which we see Queen Victoria on a white horse against a black background and a drunken King Edward II in a Hogarth-style candlelit scene as he recites from Jonathan Swift's *Modest Proposal* of 1729 in which the author suggests solving the Irish problem through cannibalism of the poor children by the rich adults. These are works *memento mori*, works that remind us right from birth that the cycle inevitably terminates in death. They are ethical-aesthetic works that invite us to reflect not just on how to prolong life, but also on what relationship to entertain with death. It is true that a civilisation is measured in terms of its ability to improve not solely the quality of life, but also the quality of death, with the type of ritual it enacts to confront it, and of which its art has always been the most intimate interface.

But proceeding with order and disorder, it should be said that Vedovamazzei's work came to national attention a few months after the exhibition mentioned previously. This was at the *Italia '90: ipotesi arte giovane* exhibition organised by *Flash Art* magazine in the Fabbrica del Vapore in Milan. This was an exhibition in which one Italian critic from each region of the country was invited to indicate a group of young artists, and together with other artists from Campania, Gabriele Perretta — to whom merit is due — selected Vedovamazzei. The exhibition included works by about two hundred artists and many of them, like Vedovamazzei, found themselves in the national spotlight for the first time: Margherita Manzelli, Alessandro Pessoli, Eva Marisaldi… Vedovamazzei presented a work using the same technique of holes in the wall as mentioned above, but this time on wood. The drawing showed the ground plans of their homes: Stella Scala's in the Portici district of Naples and Simeone Crispino's in Frattaminore in the province.

It is worth pointing out that their choice of architecture as their subject underscored their planning dimension. Drawing the ground plan is a way of highlighting the value of an architectural project, presenting the home not from the point of view of narrative and daily life, but from that of abstraction, and this was consolidated even further by the need for the precise focus that this type of "pointillist" drawing requires. But there were also other occasions on which Vedovamazzei worked on architectural ground plans, as in 2003 with *This is What you Want This is What you Get*: in this case it was a billiard table made in the form of a scale reduction of the Calcografia Nazionale di Roma, where the exhibition was being held, on which visitors were invited to play. It is clear that a billiard table of this type calls into question the use that is normally made of this object; in other words, it is hard if not impossible to play with it since all

29 *Geografie bianche (casa di Stella)*, 1992
30 *Geografie bianche (casa di Simeone)*, 1992
31 *Apparato respiratorio*, 1991
32 *Radiografia di Pinocchio*, 1992
33 *Fat in the Land*, 2000

the trajectories we are used to in a true billiard table come out wrong, so the rules and ways of playing are impossible and need rewriting. Rewriting the rules is one of the principles of art and achieving this through the use of architectural and design metaphors – which traditionally lie in the area of utility – is particularly significant in the work of Vedovamazzei. So if we continue to focus our attention on architecture, we can see how this area of verification, together with those of the body and of nature, has been another constant element in Vedovamazzei's work right from the beginning. In other words from the ground plans of their homes through to *After Love*, 2003, which is the reconstruction of Buster Keaton's home, for CeSAC, Centro Sperimentale per le Arti Contemporanee in Caraglio, near Cuneo, but previously presented as a neon project at the Centro Arti Visive Pescheria in Pesaro.

At this point it should be said that there are people who have eyes for seeing, and it is for this reason they are important for the history of artists, even when they appear to remain on the touchlines. In the case of Vedovamazzei, as for Pierre Huyghe, Xavier Veilhan, Vanessa Beecroft and others, there is in Milan an unusual personality, a gallery director, artist and dandy. His name is Horatio Goni. He is an Argentinian of Italian origin who runs a place in the city called Fac-simile, and who has long championed promising artists, including Vedovamazzei, at the outset of their careers. In his premises, Vedovamazzei put on two exhibitions which right from the start confirmed not only their talent, but also the development of the *Vitamorte* relationship we are discussing. The first one, in 1991, again presented perforated-wall drawings illustrating organs of the body: the heart, lungs and intestines. The second exhibition, in 1992, on the other hand, consisted of a series of black and white oil paintings in which icons of popular culture were painted like x-ray pictures: *Lucignolo*, *Santo*, *Pinocchio*, *Licantropo*, *Regina*, *Pulcinella*, *Carabiniere*, *Burt Simpson*, and so on. Attention was shifted from architecture back to the body and, looking at the dates, we can see how this subject, which was so crucial in the nineties, was taken up some time in advance, and remained a constant in their work. Here we need to make some observations: on the one hand, how the kinetics of the pointillist technique in the depiction of internal organs creates a sense of vitalism, in that the lungs appear to breathe slightly, the heart to beat faintly, and the intestines to digest slowly. In the paintings, on the other hand, we can see how the identities have been created by a series of osseous deformations, with some exaggeration: the halo for the head of the Saint, the donkey's ears for that of Lucignolo, the hat for Pulcinella, the crown for Regina, the triangular hat with plume for the Carabiniere, the long nose for Pinocchio, the rectangular head with saw-tooth top for Burt Simpson, the wolf's mouth for the

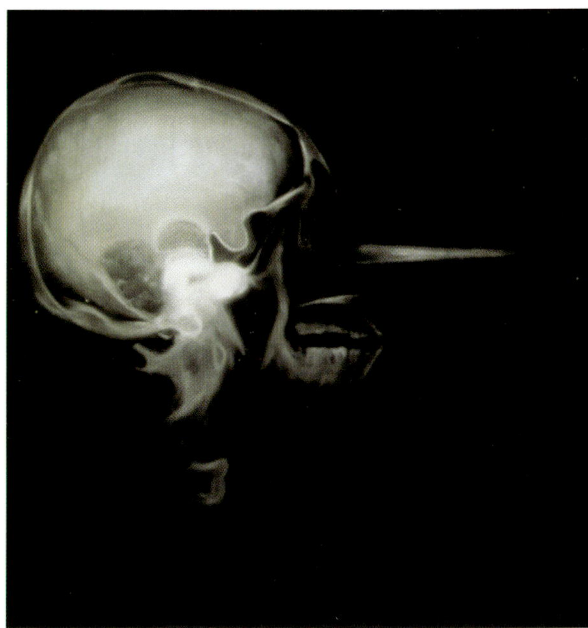

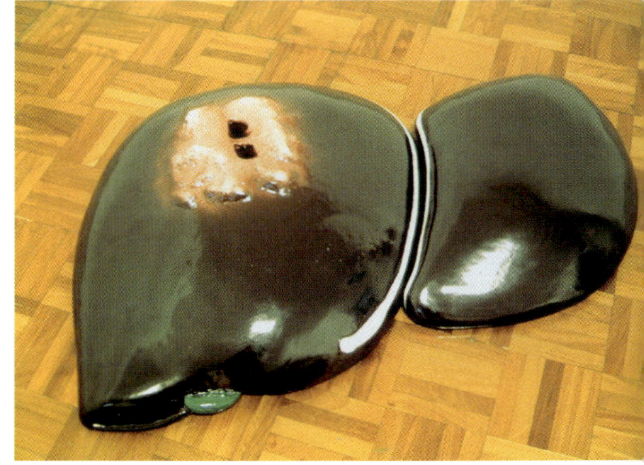

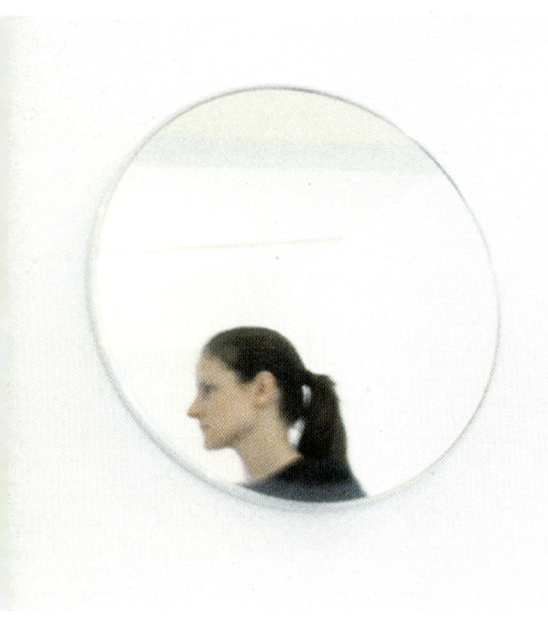

werewolf Licantropo. These paintings are modelled on x-rays of patients severely affected by bone tumours, so they show the formations in the shapes we have mentioned above. Vedovamazzei once again suggests the *Vitamorte* relationship – as they had done previously in *Fat in the Land*, 2000, a small ceramic sculpture-container portraying a liver filled with wine, highlighting the relationship between pleasure and impairment, as the drink causes cirrhosis of the liver, one of the most dangerous and mortal diseases. By doing so, they consider the reasons and the regions of the body we cannot see, as they did in the case of the architectural ground plans, since both the internal organs and the x-rays are concealed, non-visible parts, and therefore they too are an abstraction. An abstraction of the body and of its limits as taken by art to its extreme consequences in the 1999 work *Time without Example* in which 16 visual-chromatic sensations of people in a coma are reproduced by putting the data supplied by a hospital – as in the case of the paintings from x-rays – into a computer. Here there is not just the usual relationship with the body, that of its external beauty. Quite the contrary, that becomes a secondary consideration since in this case the beauty is that of the medical, scientific, anatomical aspects, bringing together San Severo and Sammartini. Somehow we find ourselves straying into the new frontiers of science, such as that of genetics. With some exaggeration, we might say we are venturing into a new form of "modern alchemy" in a search, as in the case of art, for immortality through the transformation-modification of matter, be it dead or alive. So the sense is not just that of aesthetics, but also that of ethics. We are dealing with bodies and things that change, with aesthetic modifications caused by disease, irregularities and deformations, as we can see for example in *Short Sighted Mirror* of 2002, now shown in a larger version in this exhibition at GAM. Here we have a circular mirror that, by spinning at high speed, blurs and deforms what is or should be reflected in it to such a degree as to make it disappear. When an image does not appear, or rather is not reflected, in a mirror – even if this is caused by a technical or mechanical stratagem that shifts its molecular structure – it means the narcissism of the world is denied. It takes us into the world of death, or rather of the living dead, in which mirrors no longer reflect and in which the romantic figure of the vampire re-emerges as a metaphor of post-modern society. A society in which the relationship between the extraction of history and its appearance still creates its quality of being/non-being in a *Vitamorte* relationship. Vedovamazzei bears Hamlet's existential doubt – "to be or not to be" – in its very name, once again confirming the *Vitamorte* cycle, as in *Pupa quae etiam carne humana vescitur* of 1994, a video in which we see Stella attempting to be/not to be, changing her face by applying transparent adhesive tape in different ways. Like the mirror-work we mentioned above, these gradual deformations appear to retrace the history of shapes on the one hand by going back over the history of styles from realism to classicism, Cubism and Surrealism, all the way to Bacon. On the other they seek the other identity, that of Simeone, who in this relationship of being and not being makes Vedovamazzei one with Stella. But their portraiture does not solely regard themselves and indeed later on subjectivity comes on board in the three large oil paintings entitled *Portrait of V.D.*, *Portrait of M.C.*, *Portrait of J.D.* of 2000. It is not by accident that, against a glossy, elegant and yet also mournful black background, these works reproduce deformed physiognomies and lunar renderings of the pallid skin of famous personalities in the world of art and fashion: Moschino designer Vincent Darre, writer and *Vogue Italia* consultant Mariuccia Casadio, and New York critic and gallery director Jeffrey Deitch. The face of the Madonna had also appeared deformed in the 1992 paintings of *Maria fugge in Egitto* ("Mary on the Flight to Egypt"), three small canvases in which the Virgin Mary is seen at her toilet: squeezing pimples on her face, cleaning her teeth and her nose. Here we are certainly witnessing an everyday rather than a hagiographical interpretation of one of the core themes of the Gospels and of the history of painting, but it is a characteristic of Vedovamazzei to be more interested in the apocryphal story than in the institutional. Here Mary is not being taken up into heaven as we see in Raphael, Titian, and suchlike but, caught in her daily occupations, she comes to terms with Earth and with the fact that personal care and hygiene is an existential necessity that not even the Madonna can abstain from. In this approach, that we might call aesthetic blasphemy or parallel history, we might as well include the *God Save the Queen* video, in which we see a village brass band playing the Sex Pistols' version of *God Save the Queen*, increasing the cacophony that had led to the censorship of the punk-culture British band and to the resulting Zeitgeist of "no future" postmodernism. In this process of encirclement, we cannot fail to recall the work entitled *Vedovamazzei non ci fai paura abbiamo il colpo in canna senza la sicura!* ("Vedovamazzei We're Not Afraid of You We've Got a Loaded Gun with the Safety Catch Off!"), in which the slogan used in political demonstrations in the seventies, mainly by the extra-parliamentary Left, is placed in a "snow ball", reducing the fervour of the political struggle to no more than a little souvenir. This too is a sign of the times as it talks of the end of ideologies – at least that is what many people say – with the Right and Left no longer so clearly divided, and it no longer frightens us as it used to. It is indeed reduced to no more than a memory. Ironic, provocative souvenirs like *Amore mio* of 1994, in which a little model of a red Mini Minor with a white roof and windows lined with pages from the Roman Catholic

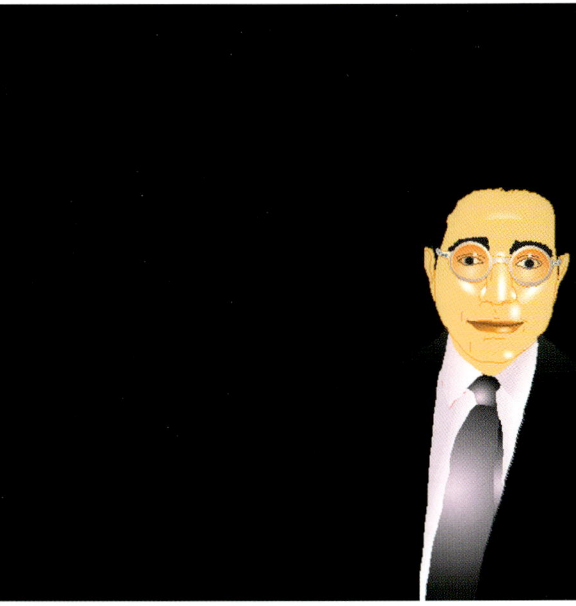

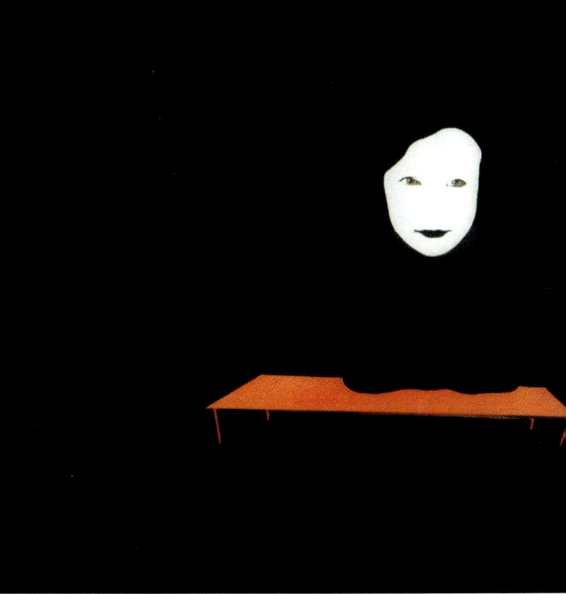

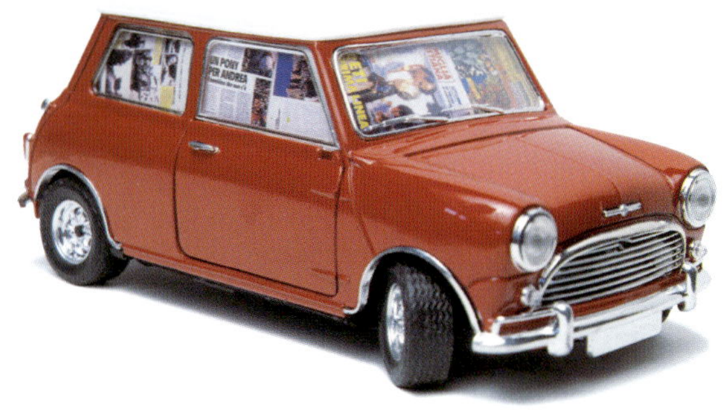

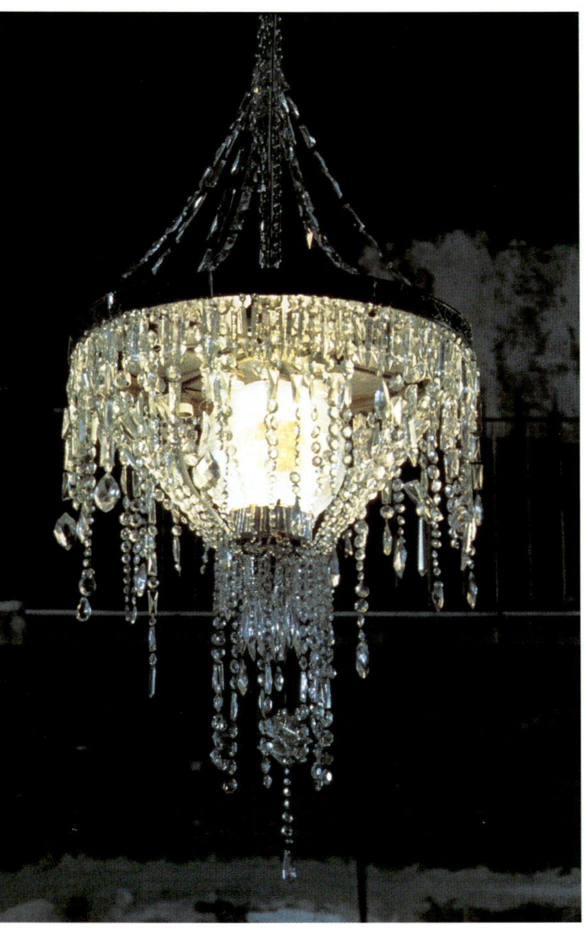

Famiglia Cristiana magazine vibrates as though it had two people screwing inside. Another existential version of the sacred and the profane, as in the case of *Maria fugge in Egitto*. In this toing and froing between the sacred and profane, in this retracing of legends and personalities of secular and sacred ideologies, we also find *Ho Chi Minh*, exhibited during the 2002 solo exhibition in the courtyard of Via dei Prefetti 17, Rome, where the Magazzino d'Arte Moderna gallery has its premises. This is a lamp-chandelier-reliquary with a sphere at the centre containing the skull – a copy of that of Ho Chi Minh – revealed intermittently to recall the description by an American journalist during the Vietnam war of a bombing raid against the Vietcong, which he described as the most beautiful baroque chandelier he had ever seen. While on the one hand the lamp as an emitter of light becomes a sort of sepulchre, and thus the house of the dead, on the other Vedovamazzei also take care to give it a meaning that is the opposite of life. Indeed, while in the first case the sensation that it emanates, partly due to its Gothic shape, is that of a spectral, lunar light, in the second, we have *Climbing*, 2000, which is another much larger lamp. It is open and welcoming and can be reached by a hanging stepladder on a reticulated central platform on which a Prada silver fox-fur sleeping bag is lying. In the artist's intentions, this acts a refuge for tramps, vagrants and the homeless. This work, which was presented at the inaugural group exhibition at MAXXI in Rome, ends up as a cynical-ironic reflection on the transformations taking place in Italian and European society as it fills up with the New Poor. People contemporary sociology refers to as "non-persons", who mainly come from the East and South of the world, attracted by the mirage of the West - which only Westerners believe is breathing its last. But there is more to it than that, for Vedovamazzei has also created *Bluish* for the GAM exhibition, another work using a light: this time the lights are arranged in the formation of the stars of Ursa Major, and then smothered by bluish smoke in a great glass pool. Here the intention is no longer moral or political, but simply theatrical-aesthetic and, considering the title and shape, also cosmic: this is the light for a society that has been referred to by many as "neobaroque", in which the icons of communism and democracy, and the levels of high and low are destructured, horizontalised, displayed "in vitro", and relocated outside politics and at the centre of existence. "In vitro" is one of the other conditions in which contemporary society has plunged, along with all its genetic experiments and its active culture of searching for new bodies and new landscapes. It is here that we find the work (again during the *Armonia Meravigliosa* exhibition in Rome) that leads us on to the subject of nature-landscape. This is a room in the same gallery, in which the doors are sealed by glass as though in a laboratory.

37 *Amore mio*, 1994
38 *Ho Chi Minh*, 2000
39 *Armonia Meravigliosa*, 2000
40 *Ghiaccio 9*, 2002

pagine seguenti/*following pages*
41 *God Save the Queen*, 1997

Looking through them we see a pool of water and flowers framed by heaps of earth. The flowers are water lilies, genetically modified not in their form but in the colouring of their petals, dripping with colour as though Pollock had been dancing in the pool with his brush, rather than being painted by Monet. In this scene, as in *Ghiaccio 9*, a puddle made of water lilies and polystyrene in place of earth, exhibited in 2002 at the Papesse in Siena, we come up against another crucial aspect of Vedovamazzei's work. This is the close attention they pay to art and its genres.

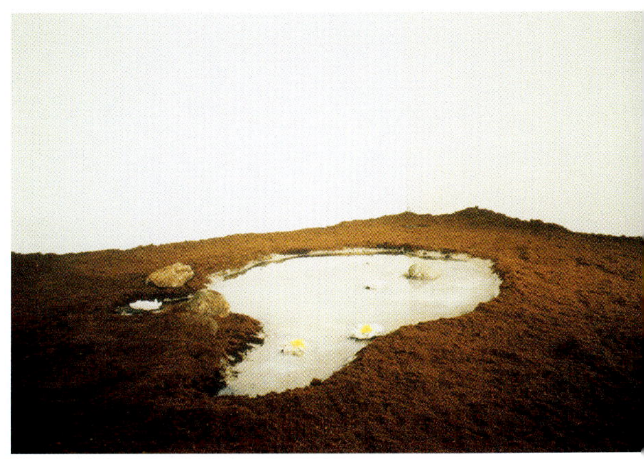

We have already mentioned the body and the portrait, and in this case it is quite clear that we are dealing with the crucial point of nature as landscape, in which, as we stated above, a number of elements are combined. We find the history of art expressed in the figures, subjects and artistic techniques of artists from Monet to Pollock — the initiators of modernity and contemporaneity respectively — passing in some cases also through Leonardo or Malevic. On the one hand, focusing attention on this subject from the point of view of genetic modification ends up by also involving the science of nature, just as anatomy was involved in the previous works. On the other hand, the 1998 *Livelihood* (a square of white marble bearing white footsteps), for example, ends up by making a narrative reinterpretation of Malevic's abstraction of a white square on a white background. It is no accident that, in doing this, the point of departure should be a period in the second half of the nineteenth century, when Monet and the Impressionists brought about a revolution in art through their aesthetic action on the landscape. For they too made use of the scientific contributions and conquests of their day. This is highlighted in *Go Wherever You Want, Bring Me Whatever You Wish*, of 2000, in which the trailer of a large truck is transformed into a pool-river-lake in which a scene from a work by Monet is reconstructed, complete with water, jonquils, landing stage and boat. A feature of this landscape-work is that it can be used: it is actually possible to get on to the trailer, get into the boat and row, but it is also a mobile landscape in that it can be taken from one place to another, from one landscape to another, which means we can go for a ride both in and with the landscape. With Vedovamazzei's landscape we could even go to the places and vistas painted by Monet. But there is also a home version of this work, in which the little lake is taken around in a cupboard laid on the ground. So in this landscape we can be inside or outside the boat, we can look or be looked at, standing or sitting, as in *155 a.C.*, 2001, a work made together with *Stella Maris O.G.M.* for Grazia and Gianni Bolongaro's La Marrana park at Montemarcello. This is a wooden bench on which we are invited to sit so that we can enjoy the surrounding landscape at leisure, but as soon as we sit down we hear sounds — the clash of daggers, horses' hooves — voice

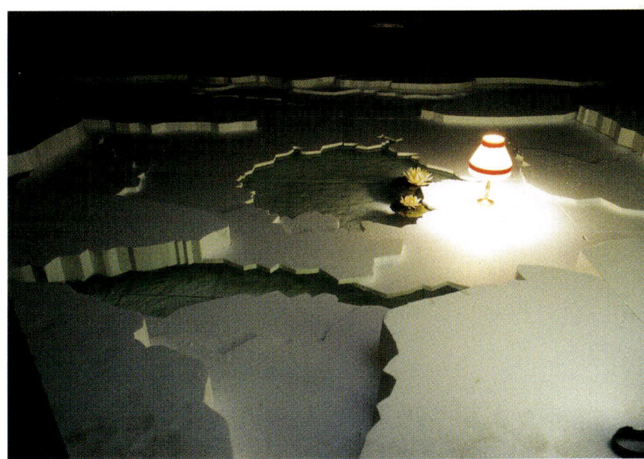

God Save The Queen

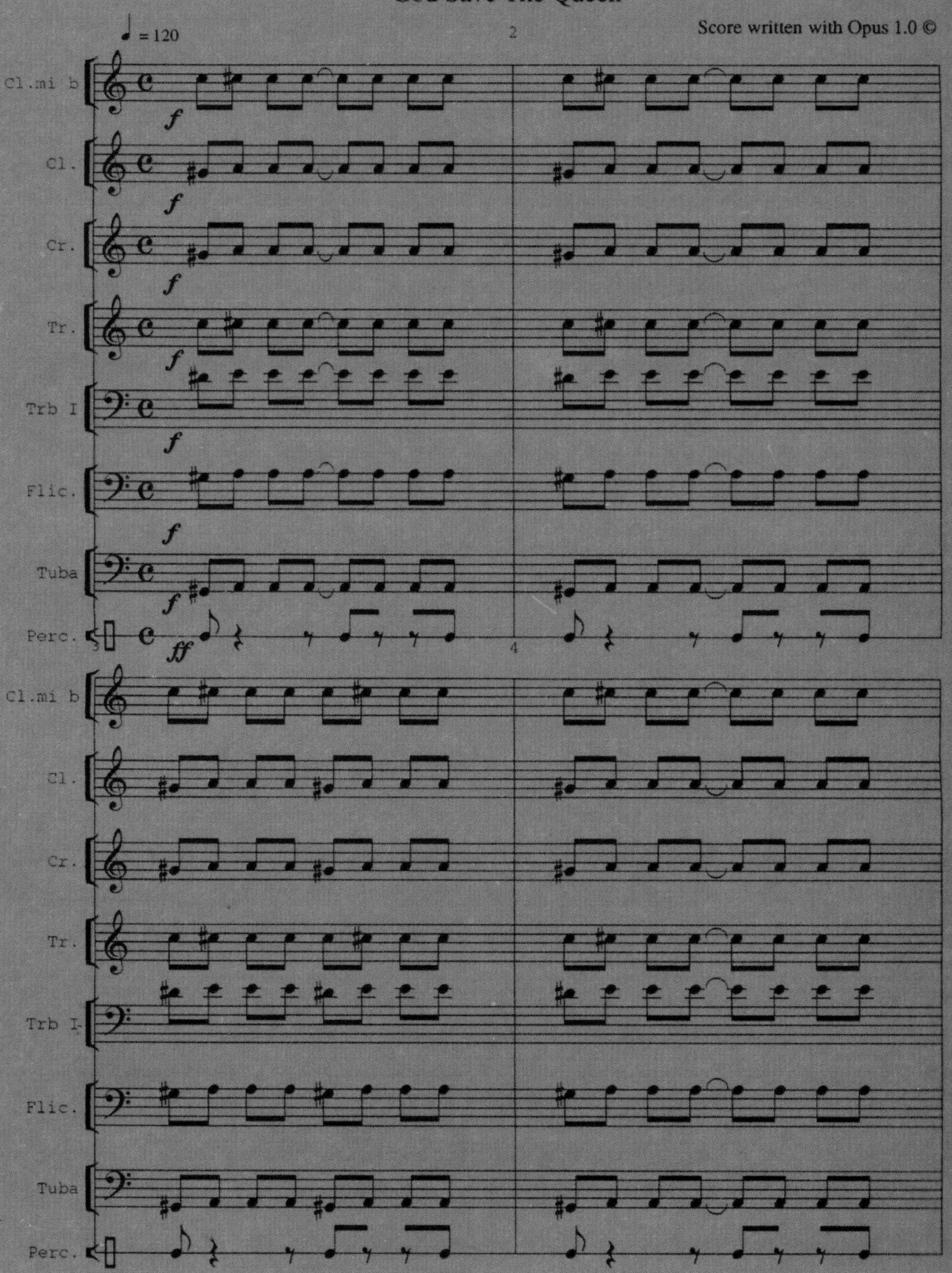

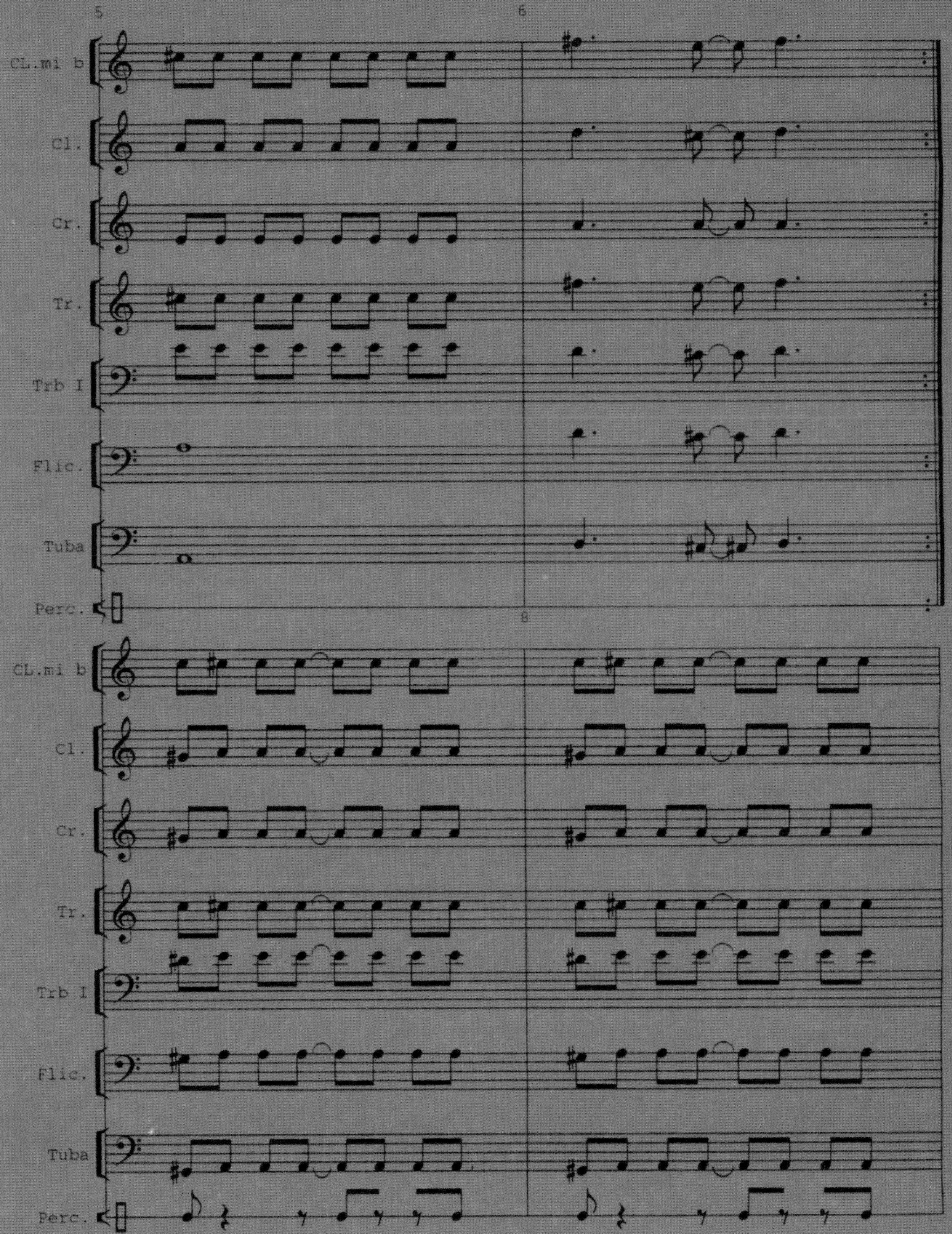

5
6
CL.mi b
Cl.
Cr.
Tr.
Trb I
Flic.
Tuba
Perc.
8
CL.mi b
Cl.
Cr.
Tr.
Trb I
Flic.
Tuba
Perc.

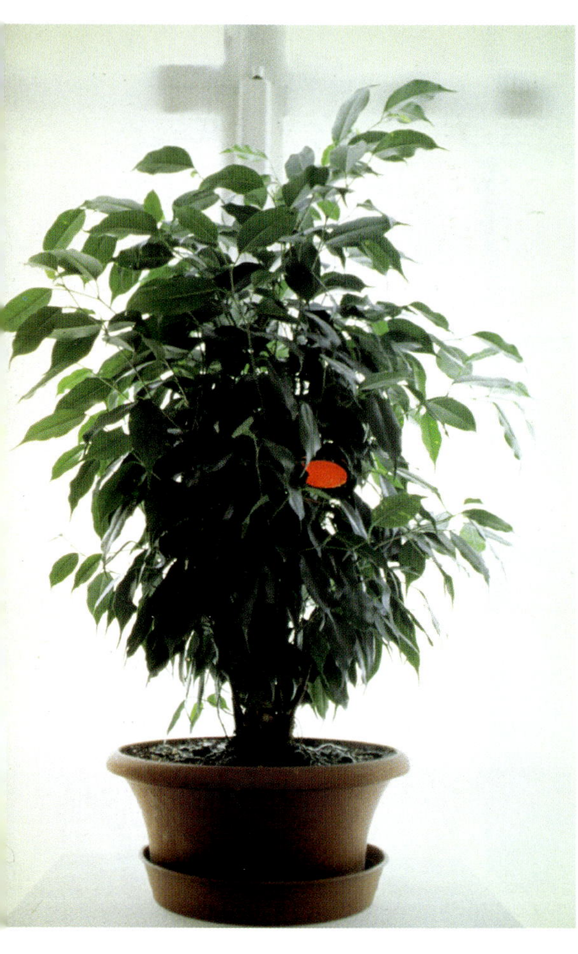

and shouts of a bygone battle that we then find out was the one fought by the Romans under the Consul Marcellus against the Ligurians. When it was over, the hill – Montemarcello – was named after the victor. While on the one hand we can see this work as a way of giving a spectacular quality to the landscape of nature's cultural dimension, on the other it tells us we are seated upon history, that the past is beneath us and that its phantasmal presence might return at any moment. But while we feel this powerful presence of the past, the idea of the future, even though it may be pushed back beyond modernity, has not entirely abandoned us. We have not been abandoned either by the awareness of how we transform the body and modify the environment, for we know where tomorrow's artistic frontiers and those of life and death will be. As we have said, they are at the heart of Vedovamazzei's work. And indeed *Stella Maris O.G.M.*, 2001, in which O.G.M. does not just stand for Genetically Modified Organism, but also for Genetically Modified Ocean, is a little hill one enters by going down underneath it: suddenly a little pool appears in the dark, a tiny blue ocean in which the water has the same chemical composition as the Pacific. Apart from the burial-mound shape, it here we see nature, culture and architecture interacting, as they do in *Dew Drops*, 2001, a small architectural ruin with concrete pillars glistening with dew. Nonetheless, caring for nature is a matter of culture, because the health of mankind depends on that of nature, because like us it is a living organism, with feelings and emotions, as highlighted in *Shy Plant*, 1997, a timid plant with a leaf that blushes when anyone goes near it. But shyness is not one of the dominant characteristics of our show-business age, and it is here that Vedovamazzei come out with another of their most important considerations, like those on the body or the landscape. We have indeed considered the landscape as a form of show-business-society culture, in other words as an image that takes the place of a different reality. We know quite well that we are not talking of grass, plants, mountains, or anything real, but of a Leonardesque landscape when it is shrouded in mist, or Cezanne-like when it is dominated by a mountain, and we could just as well talk of a Vedovamazzeian view when we find ourselves inside artificial landscapes, ending up in an arbitration-style real-virtual relationship. This show-biz transformation also includes one of the most artificial forms of landscape created by man: that of architecture. It should be said that architecture has always been one of humanity's most real and symbolic creations, and for this reason it is linked to a form of show-business transformation of reality that has been further accentuated over time by the post-modern world. It must be clear to everyone that today buildings are being made to serve the same purpose as the pyramids, St Peter's, the Parthenon or others: as

42 *Shy Plant*, 1997
43 *Sun Dam*, 2001
44 *Dischi*, 2001

magnets for tourists. But these buildings took hundreds or thousands of years to define their function and to redefine it today for the mass influx created by the cultural industry. Today, architects like Gehry and Koolhaas design, create and add architectural wonders for these streams of people in a way that could be defined as a sort of "Disneyfication of contemporaneity" in the positive sense of the term. The fact remains that in the light of these events, Vedovamazzei have produced a series of works that reveal the transformation of architectural reality, and for this reason they have been worthy of the attention of authoritative architecture journals like *Domus*. For example, as early as 1999 in the *Time without Example* solo exhibition at the Artra gallery in Milan, there was the reconstruction of a wall – with door and everything – that the gallery directors had knocked down a few years earlier for practical reasons. The difference is that the "reconstructed" wall is not made of bricks and mortar, but of glass, and is thus transparent. So the wall is there and yet not there, it is and is not, it is real and virtual at the same time. It is presence and absence. Like the mirror that does not reflect, here we have a wall with a different function, an architectural body that we can go through even if only in terms of vision, a work that for this very reason heightens our sense of seeing. It is revealing that in the next-door room there are also 4 of the 16 photographic works we mentioned, reproducing the visual-chromatic sensations of people in a coma. These are existences that cannot be, like the feeling of love in *This can't be Love*, 2003, a photo dominated by letters in red spray paint, looking like blood or lipstick, on a wall made of blocks of ice. Another wall, a partition that is held up only thanks to the photograph, but that in actual fact has already melted in its precariousness of substance and feelings.

This transformation of architecture into a form of living show, that also passes through the Las Vegas of *Meanings of the City* analysed by Bob Venturi, can be seen in *Neon nuvola*, 2001, in which a cloud drawn with neon lighting, which changes colour when there are variations in the temperature and weather, is placed as a sign on the roof of a hotel in Tuscany. This is a way to highlight the relationship between technology, nature and architecture as a new and salient element in the urban landscape. In this continuous investigation of the internal and external elements of the home, in this continual shift from small to large, from the micro to the macrocosm, we have every right to include works such as *Sun Dam*, a wall-work made in 2001 for the GAMeC solo in Bergamo. We can see that this is once again a wall, an element that, as we have seen, has recurred ever since the first work: the wall is full of cracks and holes that emit dazzling beams of light and booming noise. The fact is that the light and sound are those of the Sun trying to smash down the wall from behind, and the sound

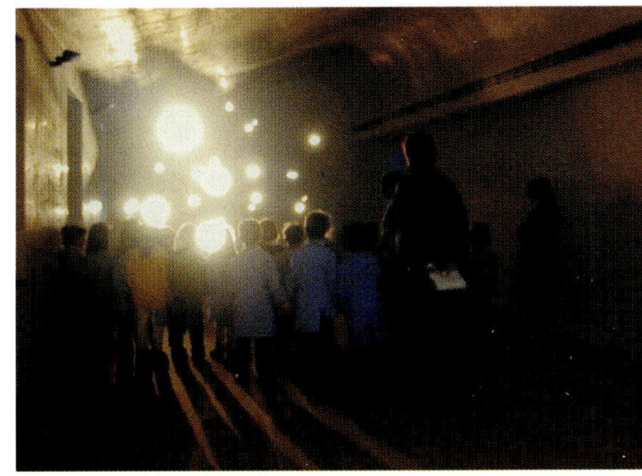

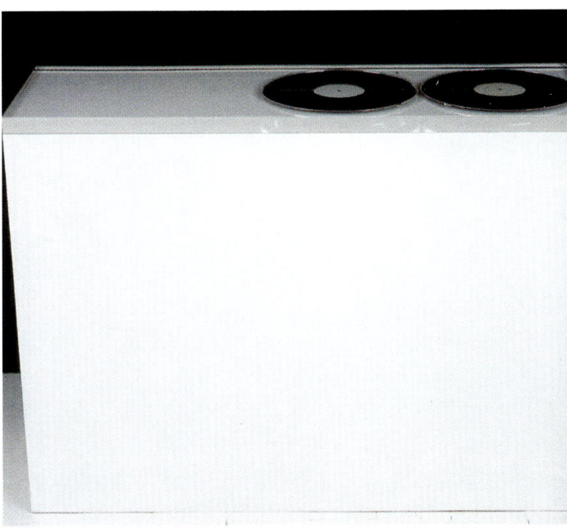

is also used in the work entitled *SoHO, Solar Heliospheric Observatory*, also from 2001, and placed in the next-door gallery together with the sound of the Earth. These are the real sounds of the Sun and the Earth downloaded from the Internet and recorded on vinyl records, which in this case are placed on a white plinth. Later on, during participation with *Caveau* in the Querini Stampalia - Furla award for art, the records were placed on a console table with the record player inside a strong room, from where they could be heard. Just like any moving body, the rotation of the Sun and the Earth, and of the stars and planets, produces noise, but we are not able to hear it since it is drowned by the acoustic contamination produced by man, nature and things, just as light pollution in modern cities makes it impossible to see the starry skies above. Walls appear again in 2004 works like *After Balance* shown at the Spazio Erasmus Brera in Milan, and in *Butterfly Effect*, the permanent installation in the foyer of the Comme des Garçons store in London. The two works have in common the fact that they are slanting. The first, since it is not a fixed wall, sways like a swing in the space that houses it, while the second is not perpendicular but inclined. The first is a piece of wall cut into an existing wall, while the second is a wall of stainless steel, with a mirror-finish on all sides, placed in the foyer, and with an opening in the middle through which it is possible to pass. The first has no way through, but only movement, which helps us realise that we live in a situation of danger and uncertainty even within the walls of our homes, while we go through the second at our peril. However, as we go through we are also reflected although, due to the inclination, we see ourselves in an unorthodox manner. The world of fashion is a world full of mirrors. One might even say it wouldn't exist without them, but then the very architectural and visual instability of Vedovamazzei's reflecting wall means that it is anything but condescending, for it attempts to produce a criticism from within the very system of fashion itself, using the instruments of fashion. The mirror has always reflected the world as it is, copying it and duplicating it – so when this is no longer the case it means the world is no longer what it is, but rather what we attempt to make it. This means that if the image does not appear in the mirror, or rather is not reflected, the narcissism of the world with all its pretence of subjectivity is simply swept away. It is the staging of a subject effected by the wall-object that bows towards it. This makes it a living being, a sort of organism, a metaphor of our precarious existence, as is the case in *After Love* of 2003. This is the reconstruction of Buster Keaton's house that appeared a number of times in the great American comedian's *One Week* short. More than just a house, it is an icon of the impossibility of building it, and if we think of this film shot in the 1920s, and thus at the height of modernity, in a period when architecture extolled linearity and orthogonality, we can well understand the premonition of art. Here the walls are askance, the whole house zigzags like the actor's tragedy mask. Not a single thing is left standing, as though a tornado continued to blast its way through… Nothing needs to be added, but since I like waste I will add it all the same, stating how this work of Buster Keaton's is an escape from modernity. The following one by Vedovamazzei, on the other hand, is a comment on the post-modern condition in which evolutionary linearity is brought into question by a circular, or helical concept of time. So it becomes the metaphor of an age in which the certainty of a possible solution (a certain cause leading to a certain effect) is replaced by uncertainty, complexity and difference. Order is put in place of the disorder caused by the beating of a butterfly's wings in the Philippines that, by exponentially multiplying the turbulence, generates a tornado in America. If we cannot govern in an orderly manner a situation in which disorder is the order of the day, then we need to come to terms with chaos and adapt to the circumstances. For this reason there is no need for a style that can be used on all occasions: what is needed, as we have seen, is a free-style. The style that Vedovamazzei have now been using for more than ten years. A freedom of style that is both mental and formal, and that lets them think and in part create works like *Tornado* both as a project for a tornado enclosed in a glass case 7 metres tall and 3 metres wide, with the idea of making it sooner or later as soon as technology and funds make it possible, and also as a small steel-wool sculpture in a cardboard box made in 2003. In the wake of art, as in that of a tornado, nothing is or can ever be the same. But we cannot fail to notice how there is a relationship between nature that creates or recreates, even when it destroys, and an art that is capable of creating even out of destruction — even out of its terminal effect, which is that of death. On this matter we have been repeating right from the outset how Vedovamazzei brings with it a constant and subtle reflection, for one task of art is to give us confidence in death. There is no need to repeat how all art, great or small, has made death one of its key features and this is also true of Vedovamazzei. They do not shirk from this demand and have already made other works on the subject. These include *How to Disappear Completely*, 2000, a wheelchair with oars, which should help the user to row should he or she fall into the water, but it is clear that this is impossible and that this technical modification is an invitation to death. *Carlo Vogt racconta*, published in 2000 as a project in issue 0 of the journal *Perché?*, and today made in the form of a neon sculpture for the GAM exhibition, also takes up this *Vitamorte* relationship. It is the story of two adulterous storks that kill the bridegroom. And here we find that an installation of the architecture of death could not fail to be present on

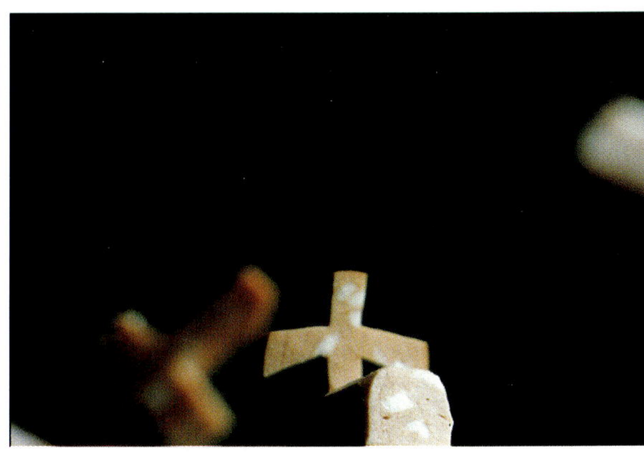

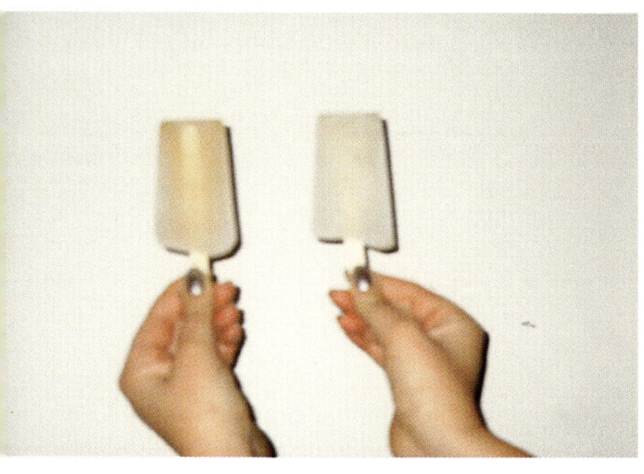

the aesthetic horizon. This occurred as an ironic process as early as 1995 in *Untitled*, which was none other than a little cemetery of mortadella, and later on in *Poor National Cricket*, 2003, that reproduced a little English cemetery, but with a title that suggests how the question of death is a playing field on which each day we play out the match at the end of our lives. These works have none of the architectural solemnity with which the subject of death is normally treated, but more an awareness of a disillusioned relationship with it. Disillusionment can also be seen in the monument to the cyclist Coppi – *My Weakness*, of 2001 – in which a Bianchi racing bicycle, of the type used by Coppi is placed, or we might say "put to rest", playing on the dual sense of this word as relaxation but also as death, on a pile of mattresses. But Vedovamazzei never rests when talking about life and about death, as we can see from their ample production. So much so that we would like to conclude by recalling *Storia naturale di Vedovamazzei*, 2003, a never-ending "tale" of 400 watercolours, a sort of diary of projects made, to be made, and independent works. As well as paraphrasing the title of an important work by Boetti, *Storia naturale della moltiplicazione*, as we have said it is a sort of artistic-existential diary. A free-style work that continually rejoices in the life and in the death of art.

46 *Ice cream*, 1996
47 *Piss*, 1996

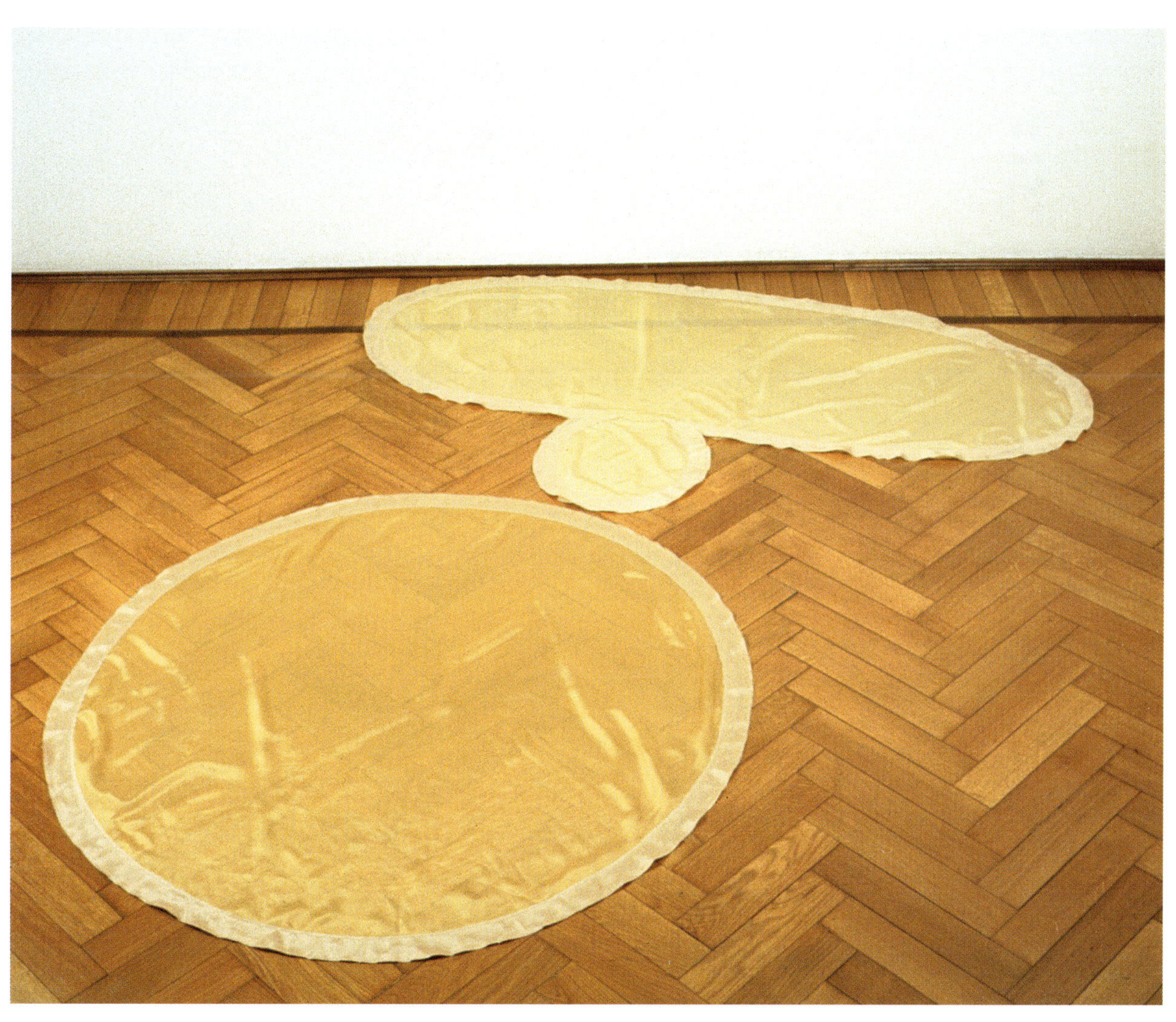

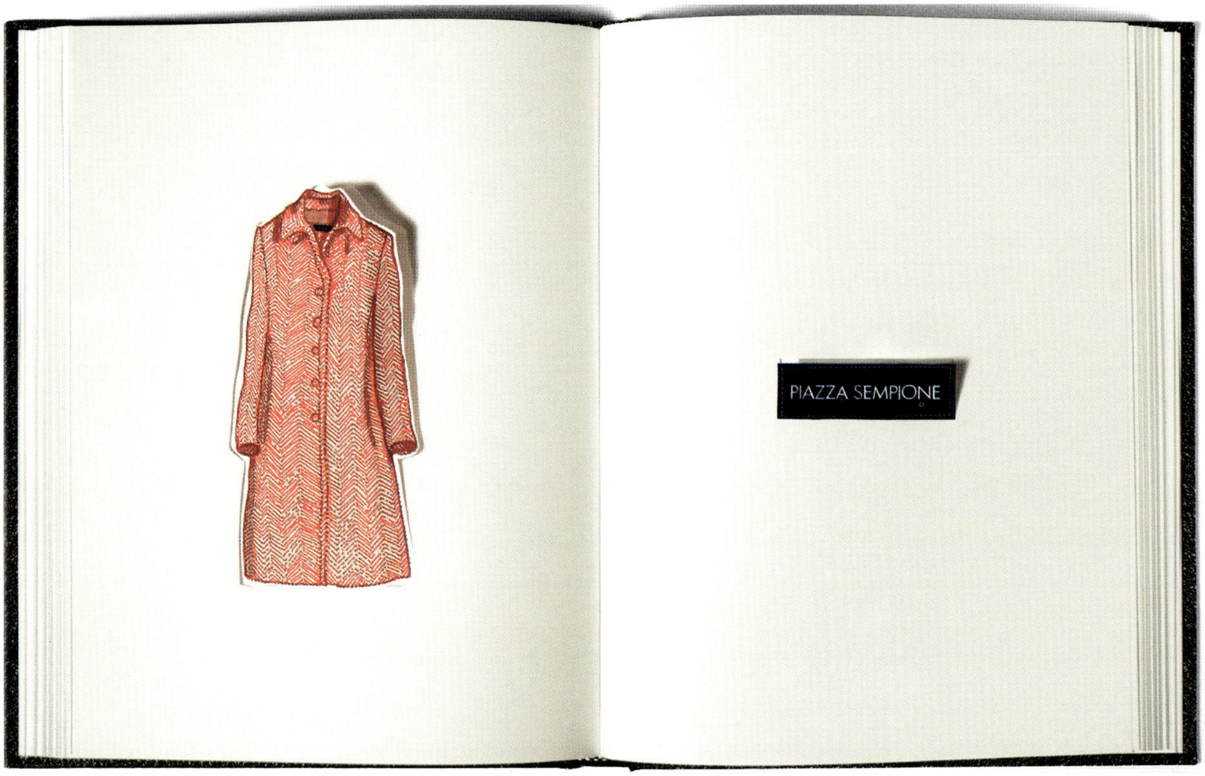

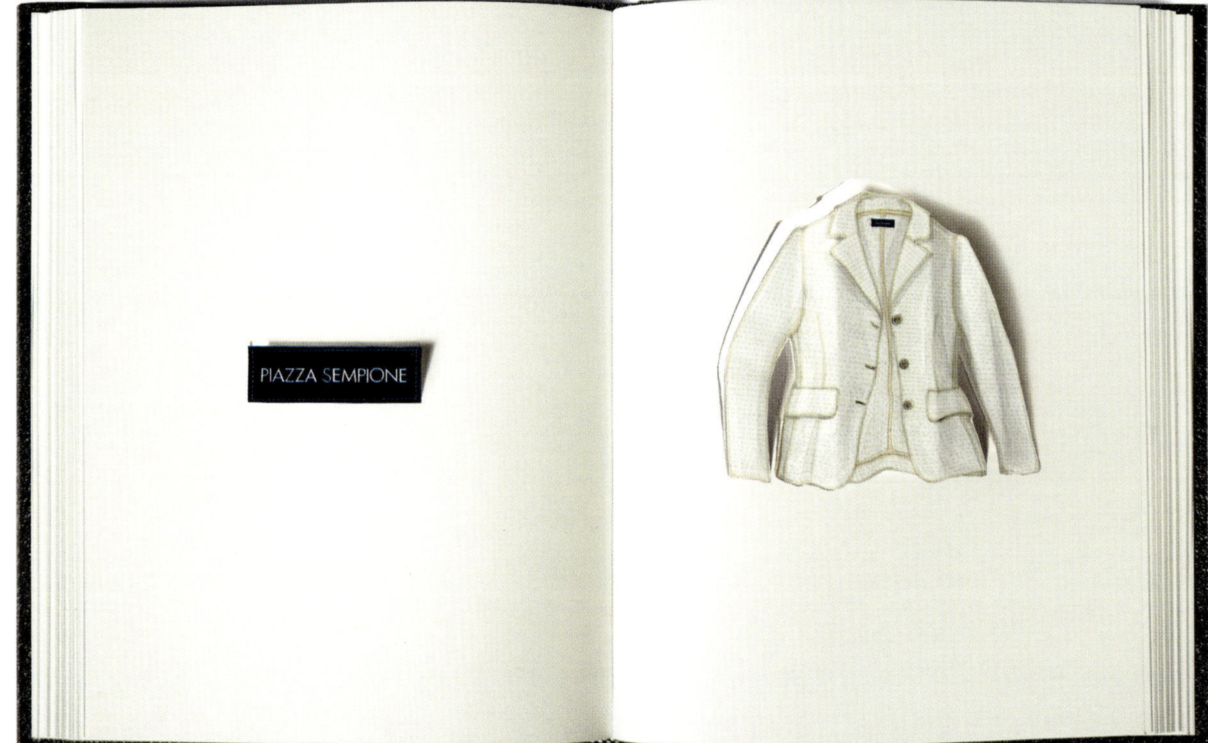

PIAZZA SEMPIONE
PIAZZA SEMPIONE

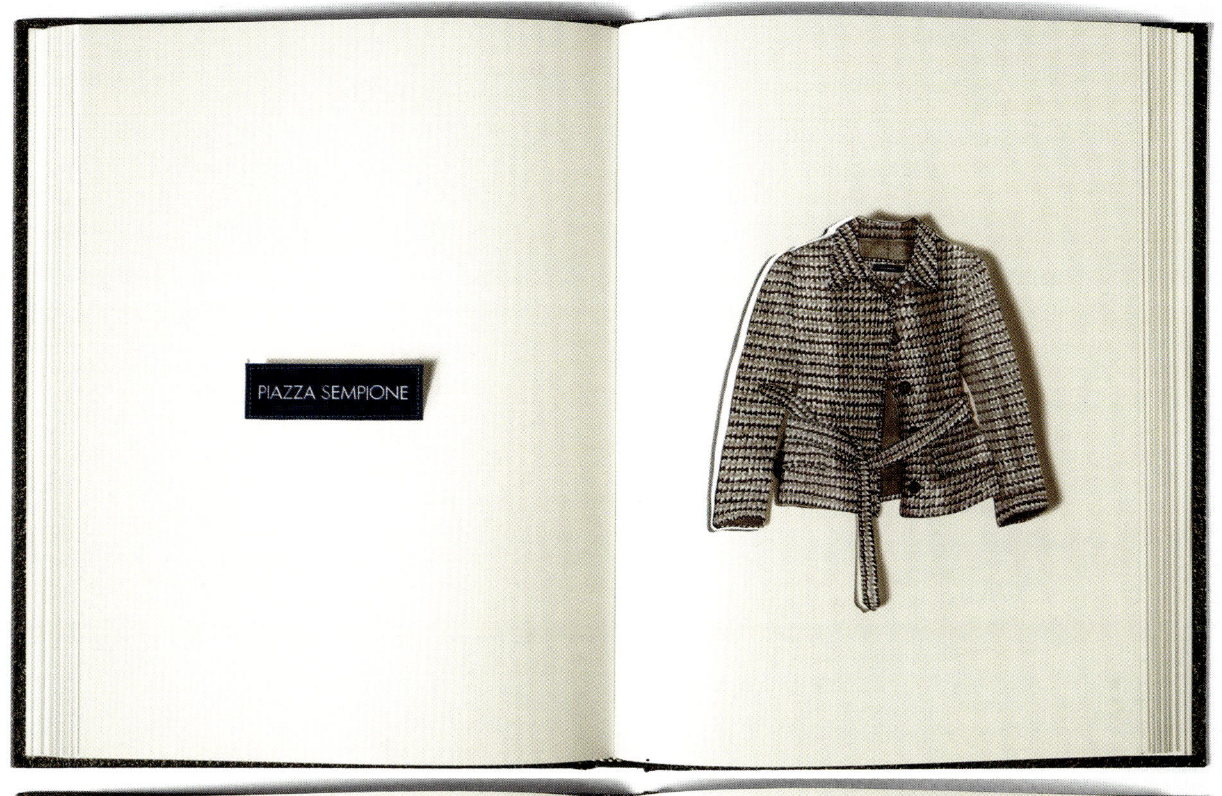

PIAZZA SEMPIONE

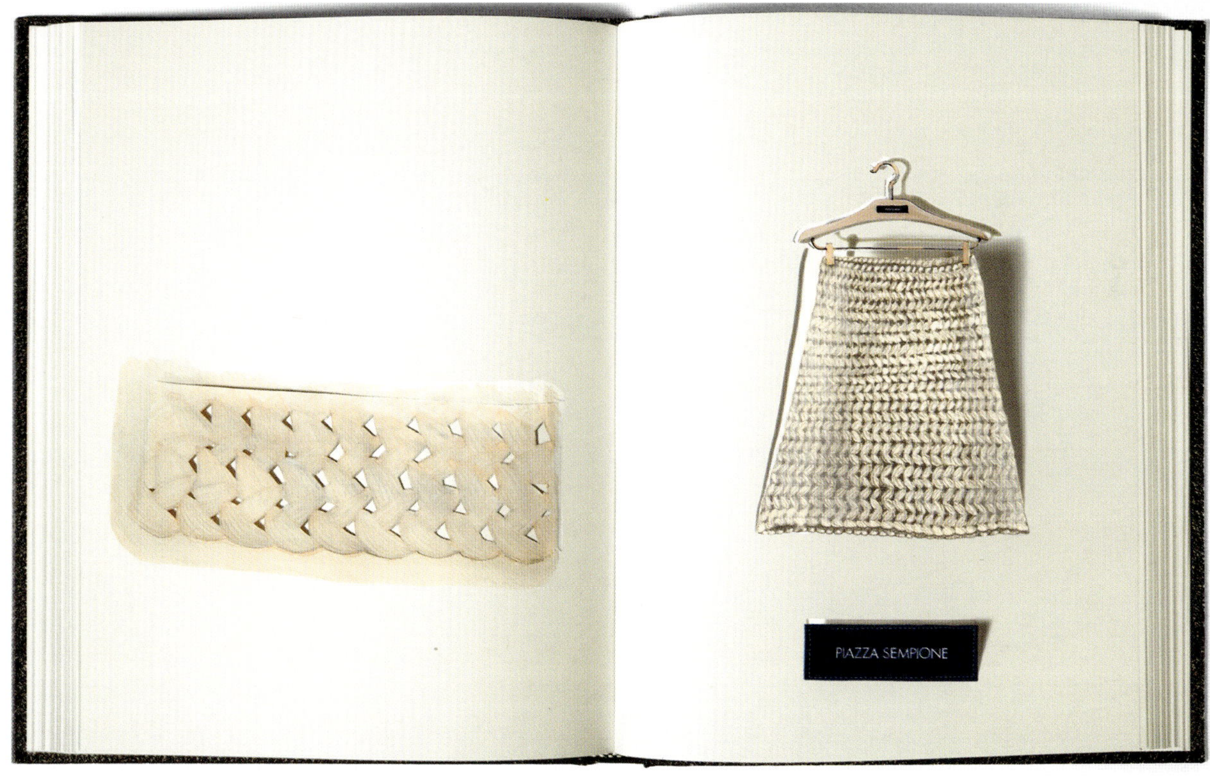

PIAZZA SEMPIONE

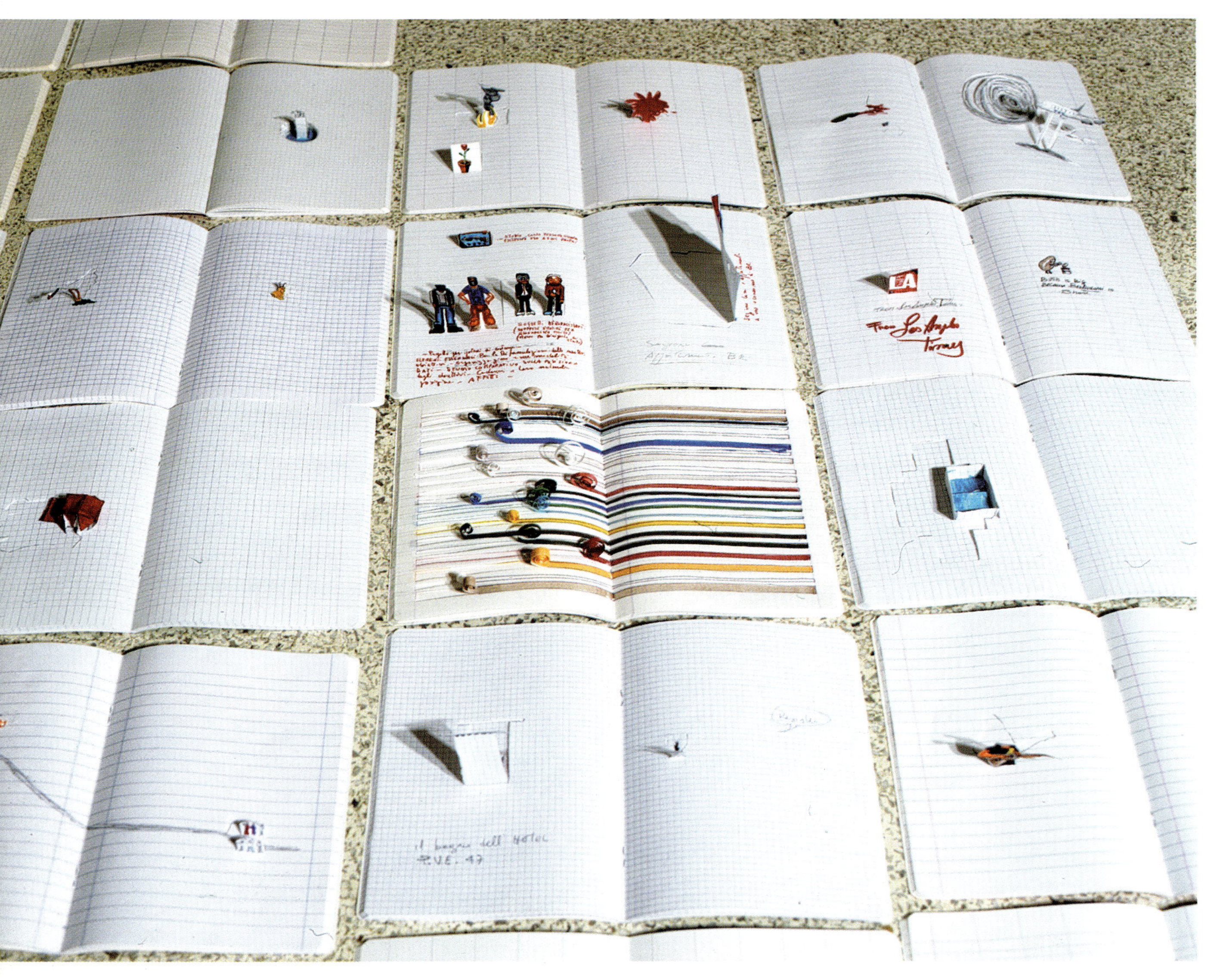

49 *Notebooks Californiani*, 2003
50 *This is What you Want, This is What you Get*, 2003

pagine seguenti/*following pages*
51 *Ritratto di G.*, 2003
52 *Ritratti di G & G*, 2003

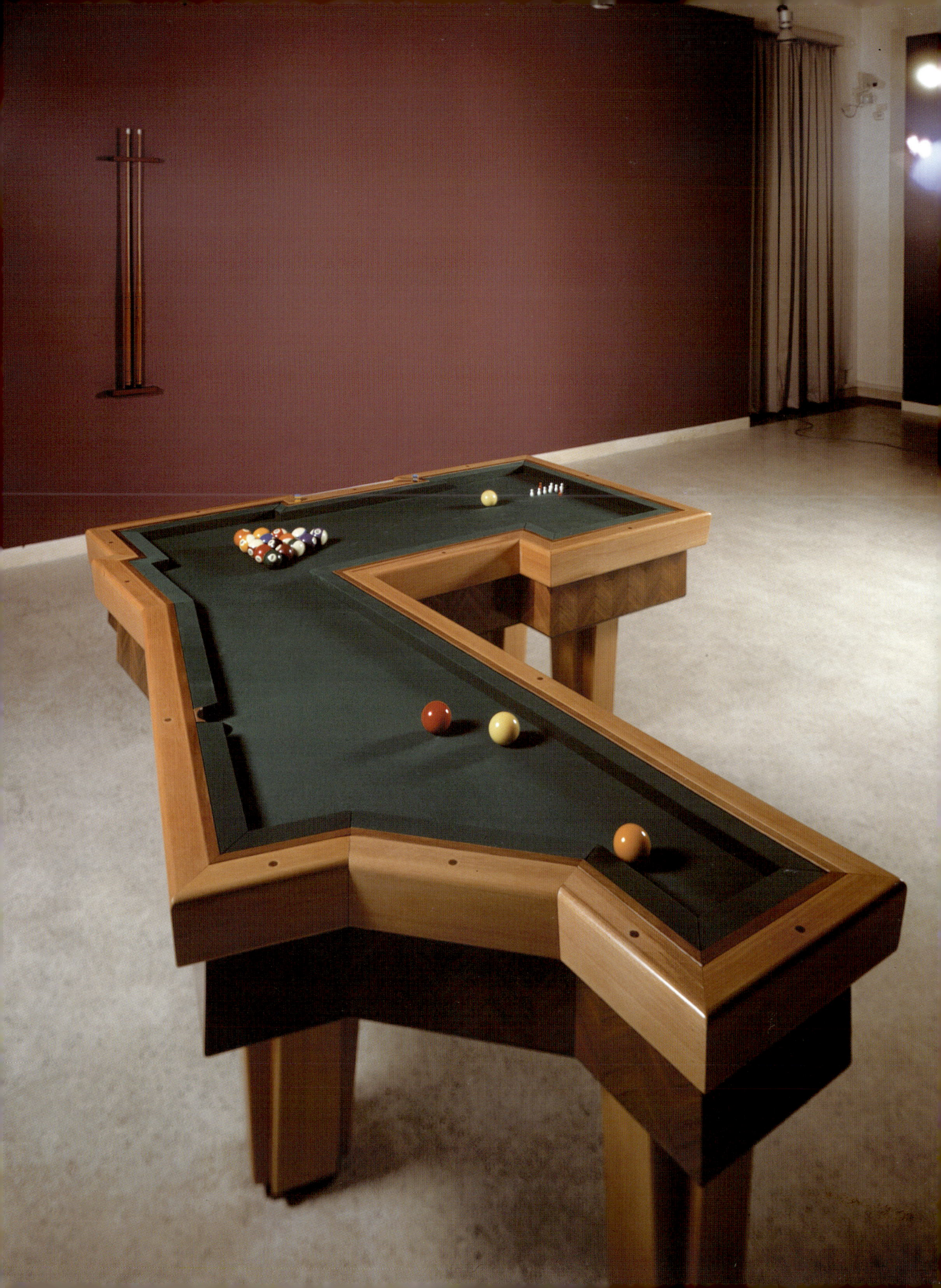

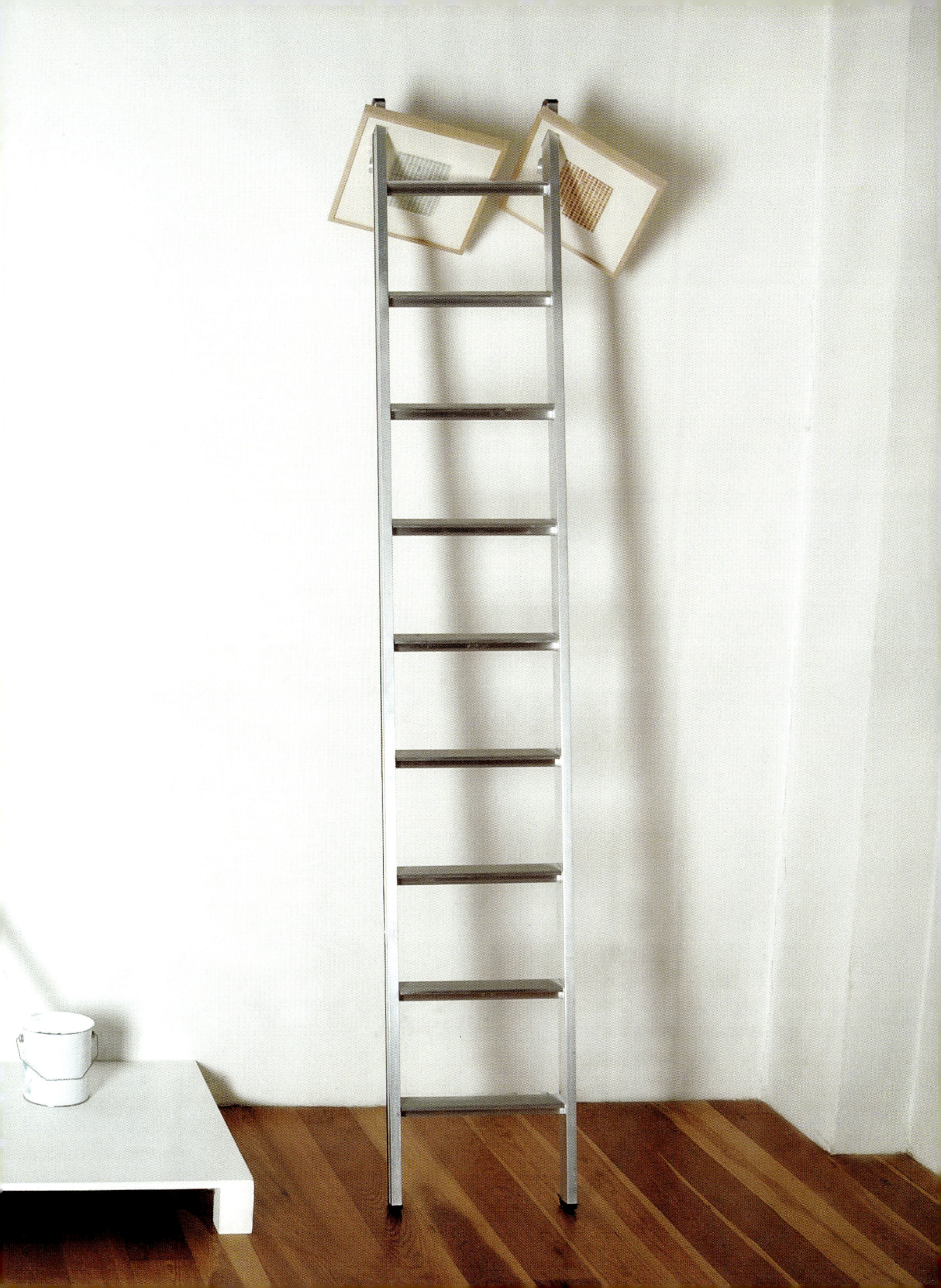

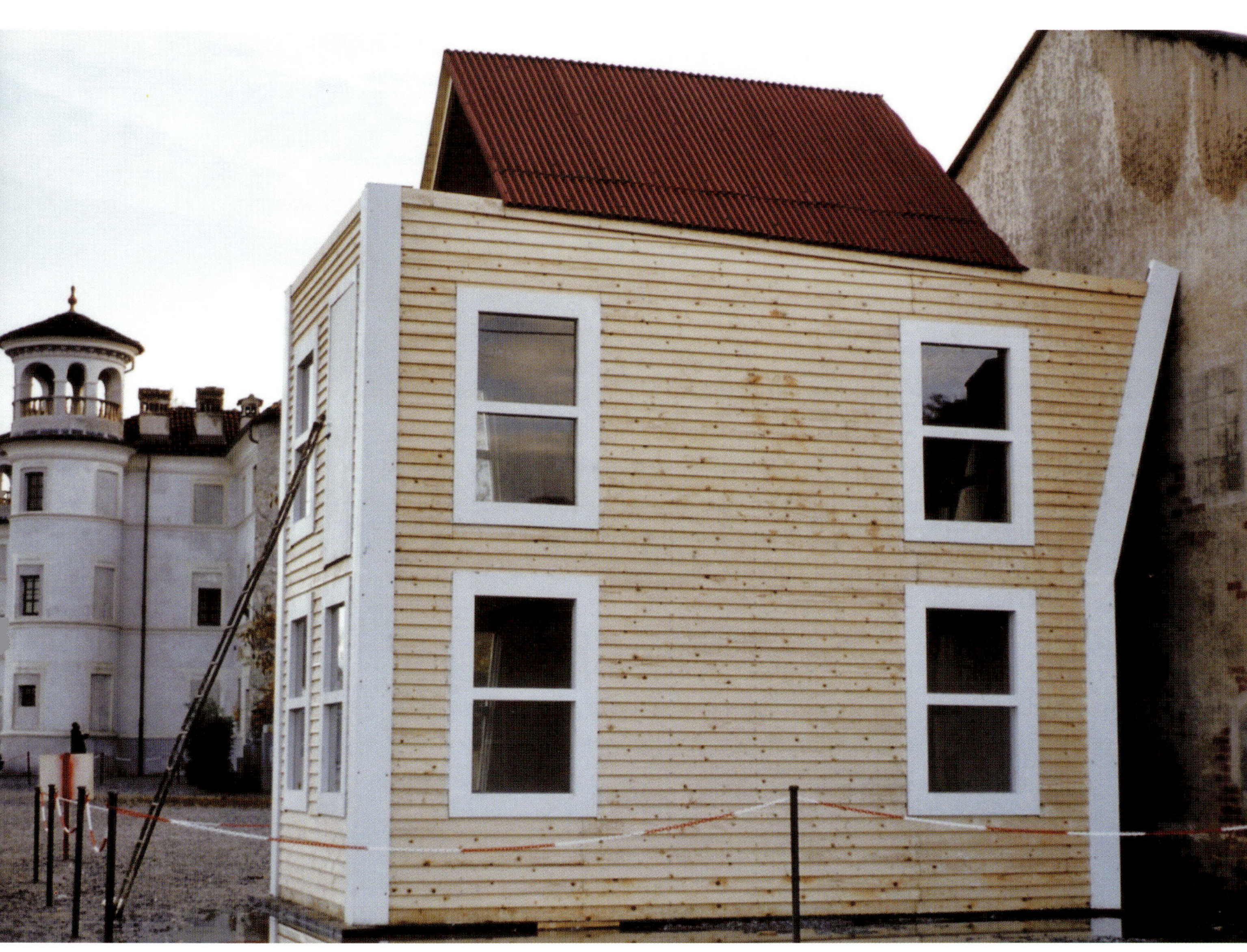

53 *After Love,* 2003

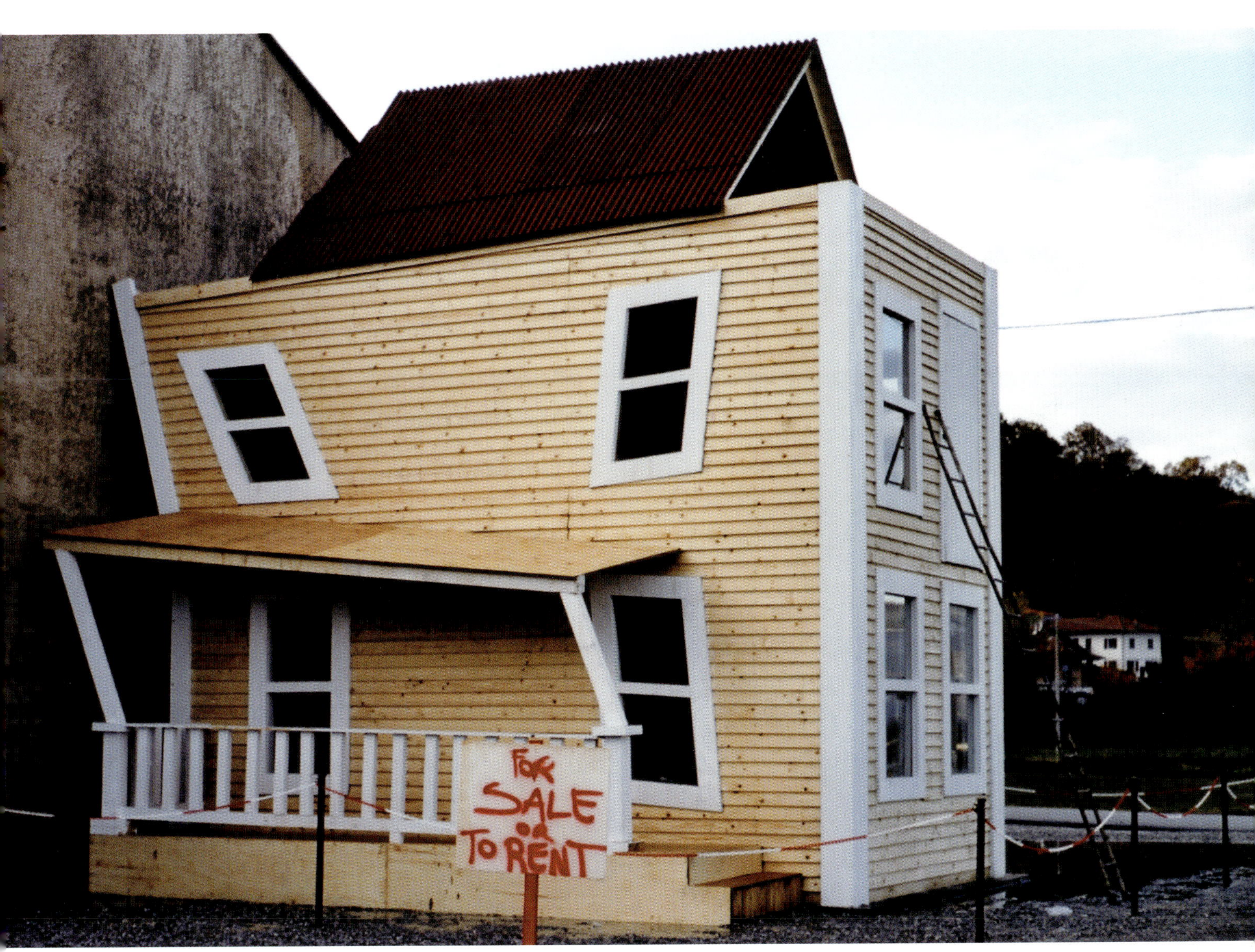

FOR
SALE
or
TO RENT

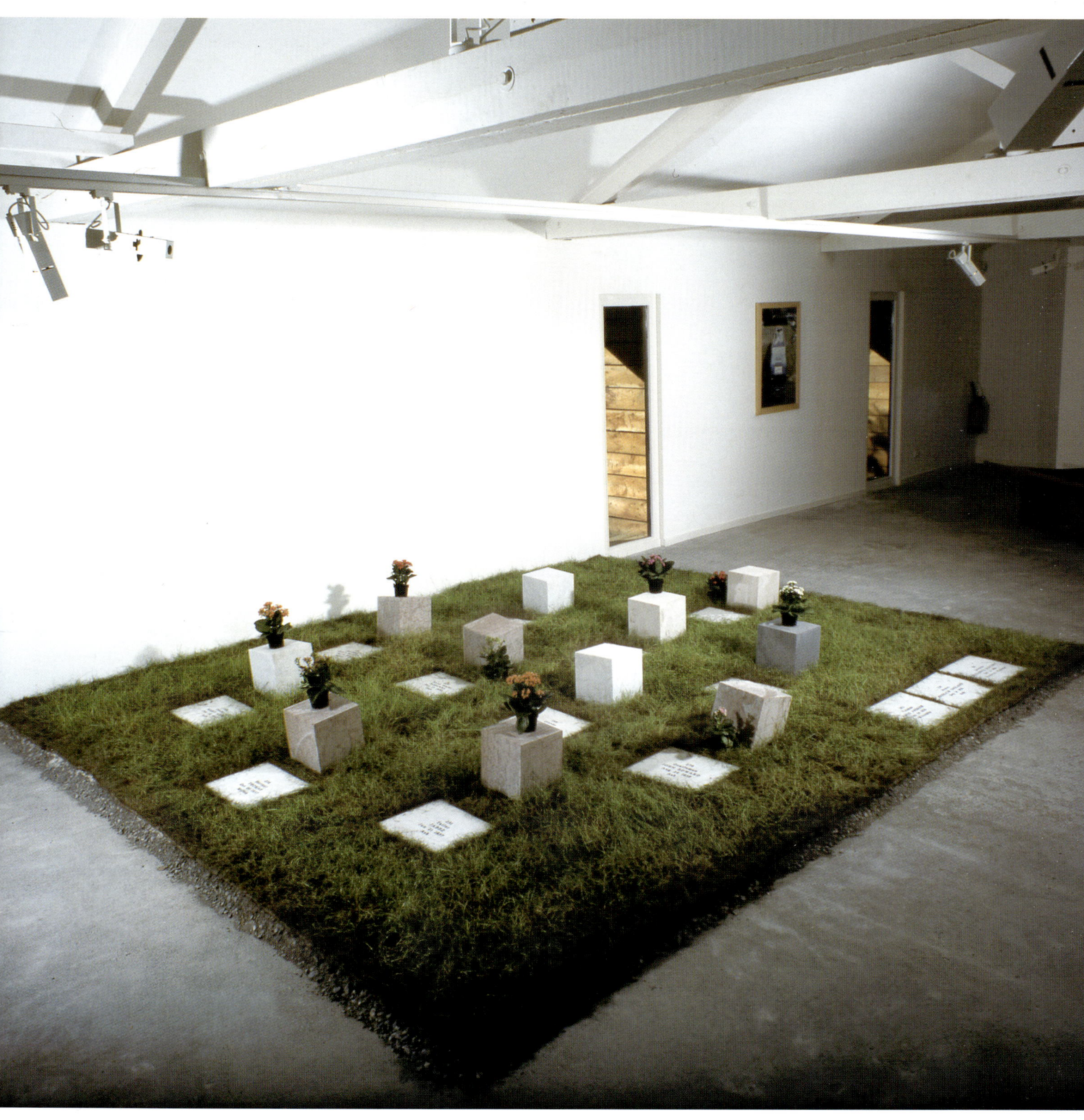

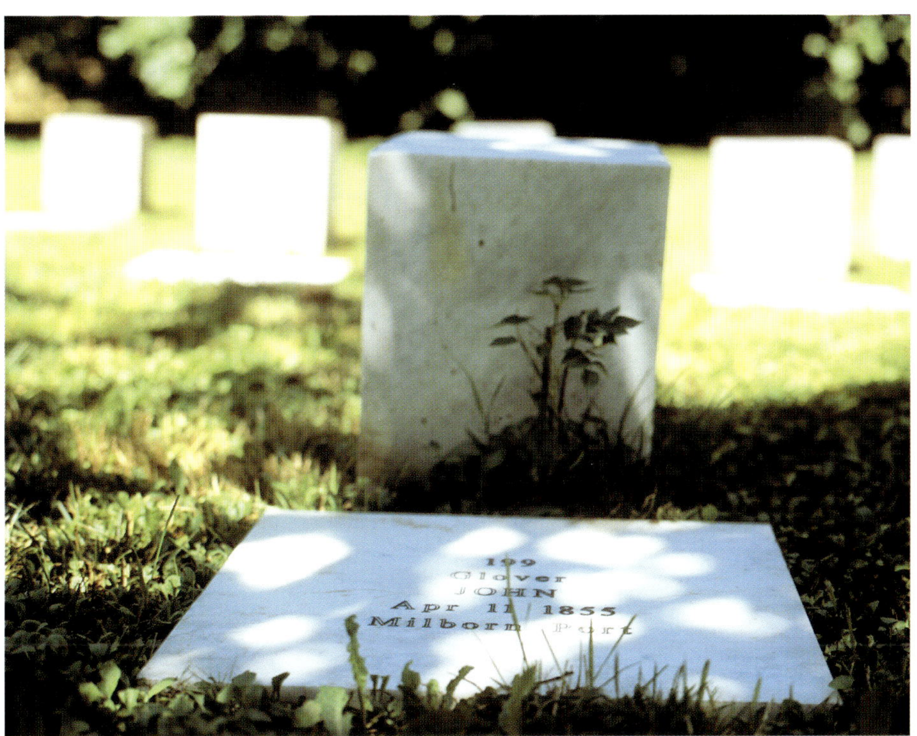

199
Glover
JOHN
Apr 11 1855
Milborn Port

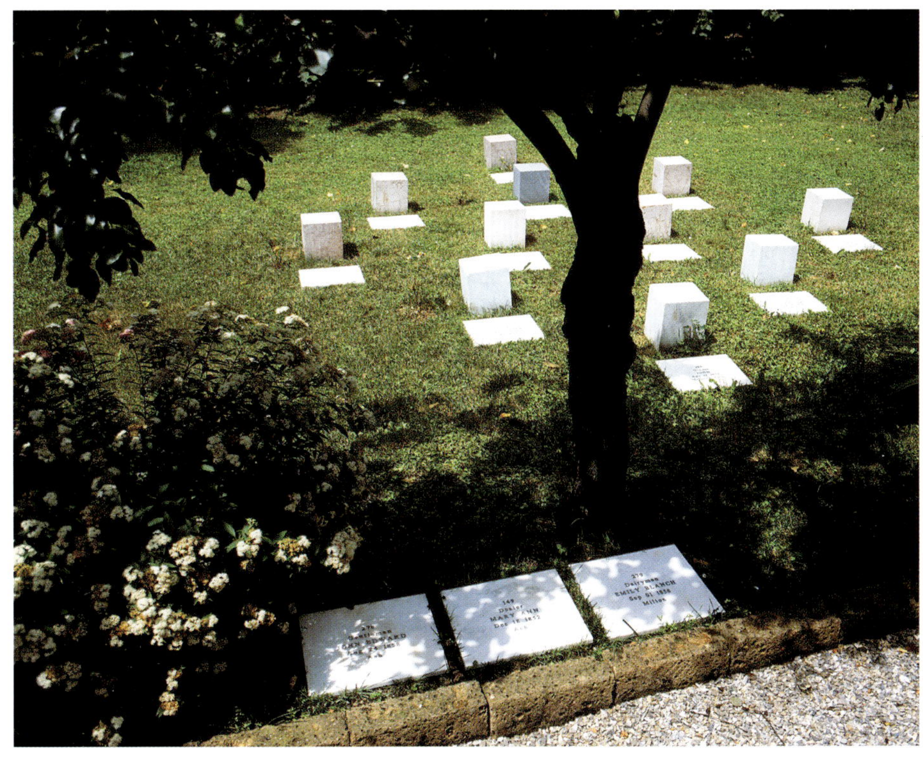

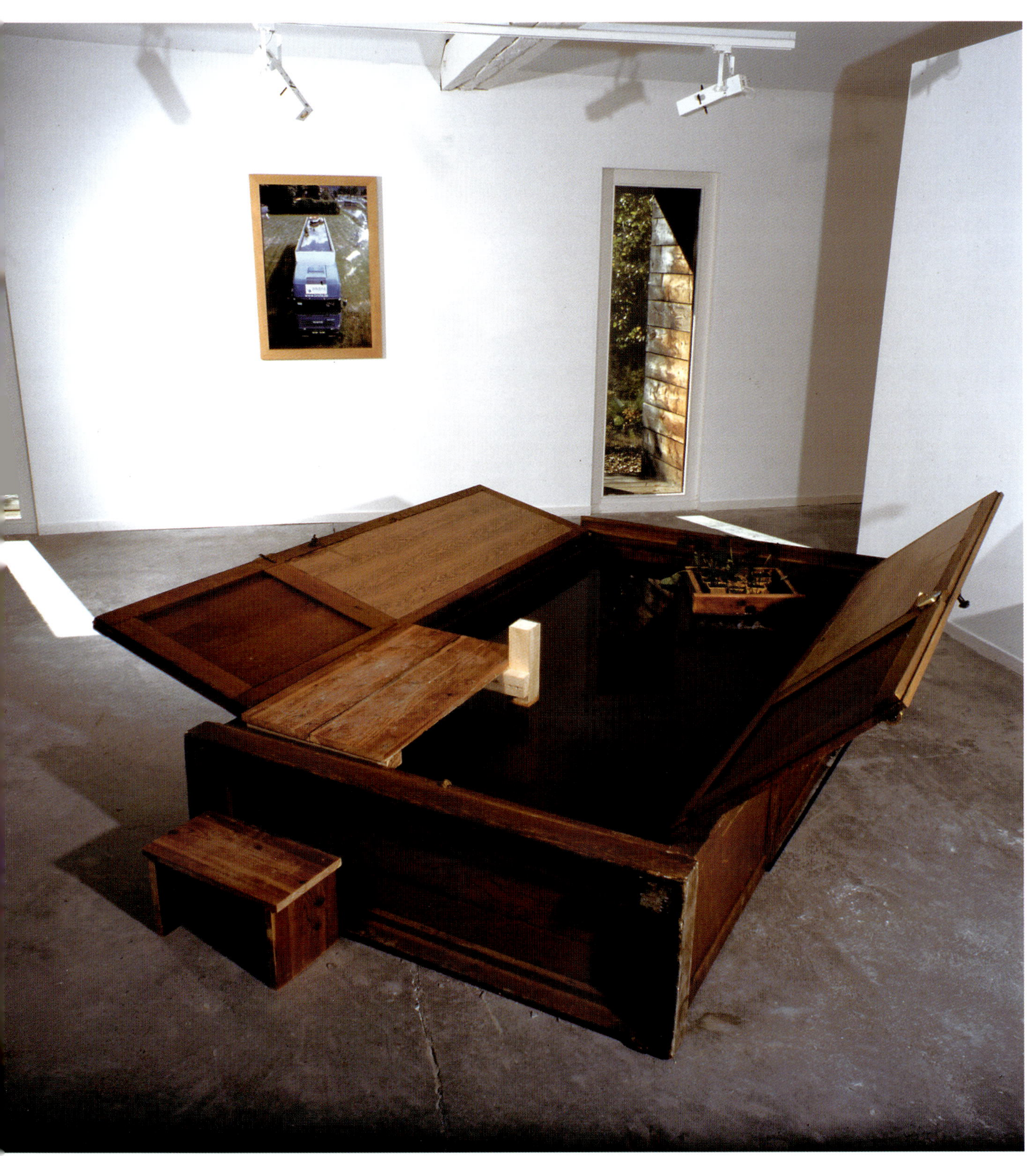

55 *Armadio di Sylvie*, 2003
56 *"Jesus's Blood Never Failed Me Yet"*, 2003

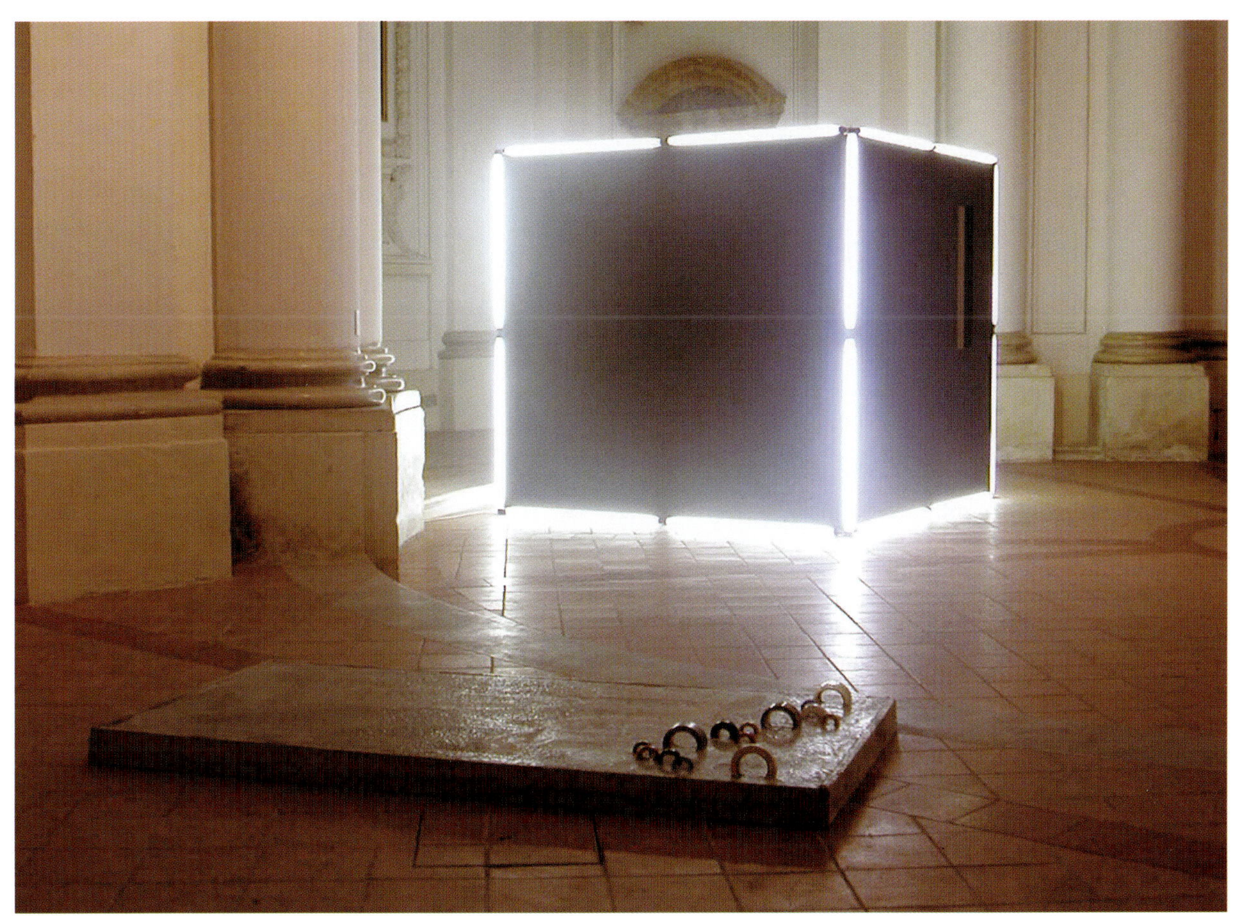

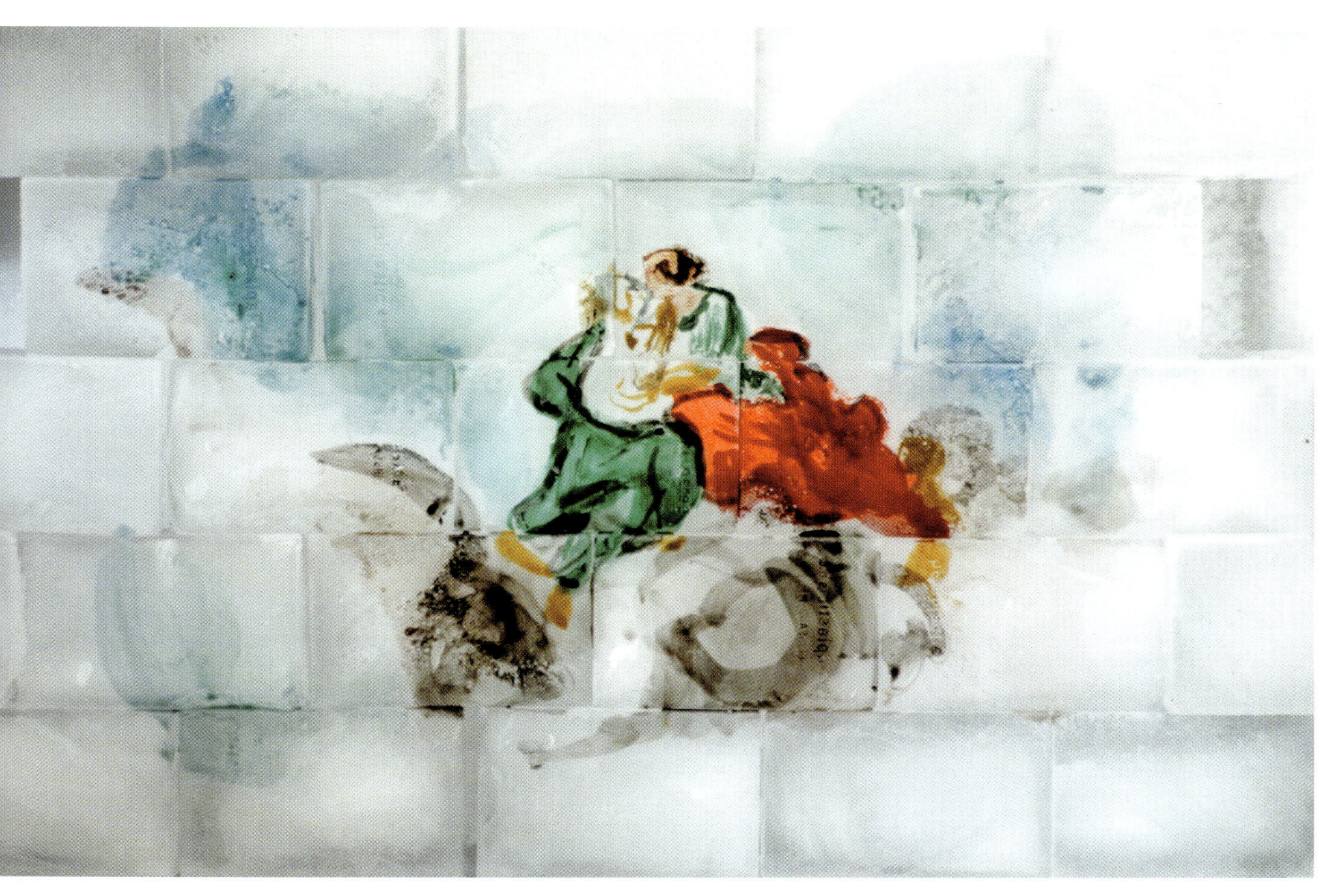

57 *Senza titolo*, 2003
58 *Senza titolo*, 2003
59 *Senza titolo*, 2003

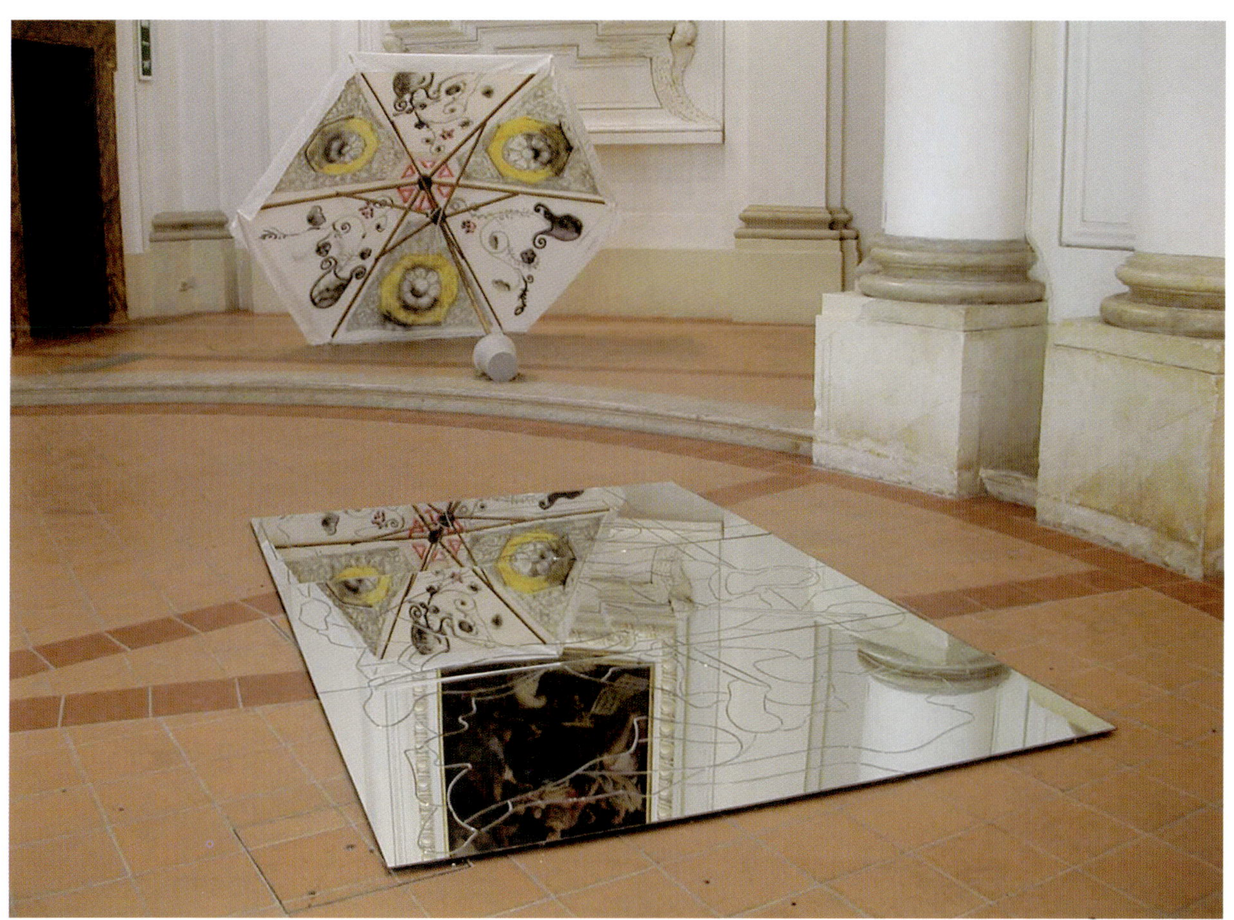

L'oscenità dello sguardo

Charlotte Laubard

Le soleil ni la mort ne se peuvent regarder fixement

François de La Rochefoucauld[1]

Quel che colpisce di primo acchito nell'opera di Vedovamazzei, è il suo carattere estremamente polimorfico. Al punto che la critica d'arte si è spesso arrestata sulla soglia di questa strana eterogeneità. In questo senso la mostra della Galleria Civica d'Arte Moderna di Torino riunisce una installazione al neon, tridimensionale, che rappresenta una cicogna con un piede in uno stagno (*For Once in My Life,* 1997-2004), semplici tavoli di legno ricoperti da un involucro di vetro (*Tavolaccio*, 2004), un altro cubo di vetro, in questo caso monumentale, che contiene un lampadario le cui luci sono attenuate da una spessa nebbia blu notte (*Bluish*, 2004), uno specchio che gira su se stesso (*Short Sighted Mirror*, 2002) e un camion di 28 tonnellate installato all'esterno del museo, il cui rimorchio è stato riempito d'acqua in modo da formare un piccolo lago a una altezza di quattro metri (*Go Wherever You Want, Bring Me Whatever You Wish*, 2000-04). Aggiungiamoci un giocatore di pallacanestro in carne e ossa che gira come un fantasma in lacrime nello spazio della mostra, ed ecco che ci ritroviamo del tutto sconcertati. Anche se le opere, in maggioranza, ostentano una certa familiarità con la realtà ed esercitano a prima vista una certa seduzione, mescolando umorismo e senso del melodrammatico, esse sembrano volere sfuggire a tutti i costi alla loro interpretazione. Mentre numerosi critici hanno interpretato questa ambiguità frustrante come il troppo semplice segno di una ironica disinvoltura, altri hanno insistito sull'aspetto trasgressivo che essa assume: "Se poi si aggiunge che i due attraversano mezzi, linguaggi e temi anche molto diversi con libertà spiazzante, quasi si divertissero a confondere le acque, a rendere difficile ogni definizione del proprio *modus operandi*, ecco assicurato per loro il ruolo di outsider, di personaggi difficili da collocare, di *irregolari*."[2]

Con la pubblicazione della "storia naturale" di Vedovamazzei (*Storia naturale di Vedovamazzei),* ci si rende conto di come l'universo dei due artisti, Stella Scala e Simeone Crispino, non possa essere compreso se non nella sua totalità frammentata. Vita e opere vi sono presentate insieme sotto forma di circa 400 tavole acquarellate che seguono una classificazione tassonomica falsamente rigorosa: "base organizzativa", "morfologia", "habitat", "tipologia", … "organi riproduttivi dell'artista e loro funzione".

L'insieme si legge come un diario al quale vengono affidate le "immagini" di un pensiero ozioso, tutto fatto di digressioni, che rivela una bulimia dello sguardo, una estrema curiosità per quello che ci circonda e che vive in noi – le persone, gli oggetti, gli aneddoti, la Storia, i fenomeni naturali… I progetti nascono direttamente dalla consuetudine quotidiana di osservare, con fragili schizzi disegnati di cui seguiamo lo sviluppo, le trasformazioni sino alla loro realizzazione finale, o al loro abbandono ("progetto non realizzato"). Il loro succedersi senza transizione, dal più banale al più stravagante, ricorda il lavoro di un'altra coppia di artisti, Fischli & Weiss. In particolare la loro prima installazione del 1981, *Plötzlich diese Übersicht* ("All'improvviso questa visione d'insieme"), composta da 250 figurine di argilla fatte a mano, disposte su piedistalli ad altezza degli occhi: ecco il mondo che si offre allo sguardo nella sua schizofrenica diversità che spazia dalla mollica di pane ("Pane") a "L'invenzione della minigonna", a "Nerone al balcone davanti a Roma in fiamme" o, più semplicemente, a una coppia pacificamente addormentata, in realtà "Il Signor e la Signora Einstein poco dopo aver concepito il loro figlio, il geniale Albert".[3] Nella *Storia naturale di Vedovamazzei* e, più recentemente, nelle decine di quaderni di scolari che i due artisti hanno perforato con minuscoli oggetti ritagliati nella carta, ritroviamo lo stesso cambiamento di focale. L'assurda miniaturizzazione e la loro presentazione profusa senza alcuna gerarchia di valori, induce a una decontestualizzazione del punto di vista e dello sguardo che turba profondamente. "Everything viewed from close-up is pornographic" ("Tutte le cose viste da vicino sono pornografiche")[4] ci ricordano maliziosamente i due artisti italiani. Lo stesso vale per *Tavolaccio* (2004), in realtà delle tavole di legno molto ordinarie, prigioniere di uno strano involucro di vetro che le mantiene in lievitazione al di sopra del suolo. Gettate in pasto allo sguardo dello spettatore/voyeur per mezzo dell'aggiunta della inutile vetrina, la loro trivialità in quanto oggetto e la loro fondamentale ambiguità ne risultano ancora più sconvenienti. Oscene come l'ordinaria *Olimpia* di Manet, come la crudezza dei dispositivi scenici del Caravaggio o come il kitsch chiassoso degli oggetti di Jeff Koons, il loro incongruo realismo sorprende lo sguardo e annulla ogni tentativo d'interpretazione. "Questo non è né un ready made né una tavola", sembrano ancora dichiarare le tavole, assurdamente irrigidite in questo improbabile ondeggiamento che le rende deludenti da un punto di vista sia fenomenologico sia trascendentale. Eccole qui "fuori-scena" come le altre opere che rendono omaggio alle costellazioni disegnate da Galileo, eretico osservatore morto per aver voluto mostrare la realtà in tutta la sua nudità.[5]

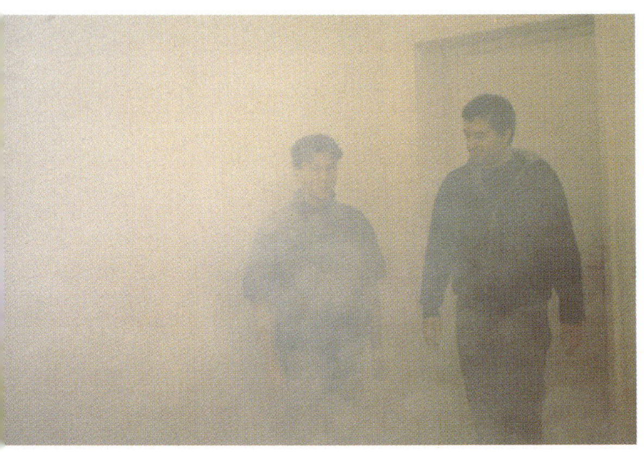

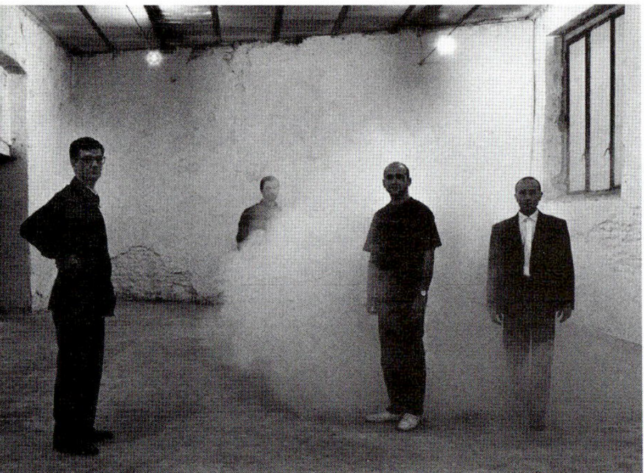

Il tema del fuori-campo dello sguardo comincia ad apparire nelle opere di Vedovamazzei all'inizio degli anni 2000. Infatti *155 a.C.,* 2001, consiste in una panchina situata in un parco del Montemarcello in Liguria, posizionata in modo da offrire un punto di vista ideale sul panorama della vallata che si distende davanti agli occhi. Convenzione paesaggistica ordinaria di orientamento dello sguardo che viene perturbata non appena lo spettatore risponde all'invito alla contemplazione offerto tacitamente dalla presenza della panchina. Un frastuono infernale di uomini che urlano e di clangore di spade che si incrociano si alza allora all'improvviso, perturbando definitivamente la tranquilla vista del panorama. Come se il nostro sguardo venisse manipolato inconsciamente dalla memoria del luogo dove si svolse in tempi antichissimi una famosa battaglia. Sapere che questa battaglia fu condotta dal console Marcello contro i liguri nel 155 avanti Cristo, importa poco. Ancora una volta, *quel che si vede* viene vinto dall'incertezza. L'alterazione della percezione è una costante che ritroviamo fin dalle prime opere di Vedovamazzei, per esempio con *Fog*, 1992, una spessa nebbia che invade lo spazio della mostra, o con il rumore del passaggio di un aereo i cui infrasuoni fanno perdere il senso dell'equilibrio e dell'orientamento (*Mirage*, 1996). Questa alterazione trae origine dalla fondamentale duplicità della loro propria visione del mondo: "Quando si lavora in due, è il punto di vista diseguale a produrre un'opera".[6] Dopo la separazione della coppia nel 2000, la questione del punto di vista nei due artisti, che hanno scelto di continuare a lavorare insieme, si è logicamente amplificata. Con *Go Wherever You Want, Bring Me Whatever You Wish* (2000), un camion di 28 tonnellate esposto all'aperto, il cui rimorchio è stato riempito d'acqua fino a formare un piccolo laghetto con tanto di canne, barca e pontile, il punto di vista si alza di quattro metri e corrisponde così all'altezza precisa raggiunta nel XV secolo da un'inondazione devastatrice che colpì la città tedesca di Hann Münden, dove fu inizialmente installata l'opera dei due artisti. Come in *155 a.C.,* la percezione ha abbandonato in questo caso il campo del turbamento fisico per raggiungere una dimensione più mentale, dove lo sguardo si rivela "abitato". Viene da pensare all'*intermonde* così definito dal filosofo Maurice Merleau-Ponty per indicare lo spazio che lega alle cose la nostra coscienza, nel processo della percezione. Altre opere hanno assimilato in modo esattamente speculare questa proiezione della coscienza sugli oggetti. Negli specchi miopi (*Short Sighted Mirror,* 2002), o nelle architetture dalla prospettiva distorta (*After Love,* 2003; *After Balance,* 2004), gli oggetti stessi sembrano perturbati, colpiti dalla potenza del nostro sguardo. "Le cose non vogliono essere guardate più di tanto. Se la costanza e la pazienza si soffermano su di un soggetto vi accorgete che lo stesso soggetto modificherà i propri modi – se non la propria vita.

Alcune cose cambiano, si rivoluzionano se ad esse viene applicato uno sguardo".[7]
Rifacendosi a un passaggio dell'*Ulisse* di Joyce in cui uno dei protagonisti, Stephen
Dedalus, sperimenta secondo lo scrittore "l'ineluttabile modalità del visibile", lo storico
d'arte Georges Didi-Huberman formula la stupefacente asserzione che "ciò che noi
vediamo non vale – non vive – ai nostri occhi se non per ciò che ci guarda".[8] Allo stesso
modo di Dedalus che non riesce più a contemplare il mare senza vedervi l'immagine
dell'agonia di sua madre, il nostro sguardo è sostanzialmente uno sguardo ossessionato,
condizionato dalla perdita. L'esperienza del lutto la ritroviamo non solo nella firma scelta
dai due artisti, la "Vedova Mazzei", ma la si indovina anche attraverso la
rappresentazione, nella *Storia naturale,* di due episodi traumatici della loro vita privata:
il tentativo per Stella di rappresentare a memoria il volto dell'uomo che l'ha aggredita
sessualmente quand'era ancora bambina, e per Simeone il ricordo preciso del cadavere
scoperto per caso quando aveva sette anni.[9] È ancora l'esperienza della morte della
coppia nel 2000, dopo quasi venti anni di vita in comune, che porta l'opera dei due artisti
a concentrarsi in modo più riflessivo su questa "ineluttabile modalità del visibile". Sul
Montemarcello i due artisti hanno installato, in concomitanza con la panchina di *155
a.C.,* un'opera sotterranea, *Stella Maris O.G.M.* (2001). L'ingresso scavato in una
rientranza della collina, la discesa verso una stanza quadrangolare oscura, tendono ad
assimilare l'opera a una cripta funeraria. Ma invece che a una tomba, eccoci davanti a
un pozzo quadrangolare riempito di un'acqua turchese irradiante, la cui formulazione
chimica corrisponde a quella dell'Oceano Pacifico, precisamente a quella delle isole
Chatham in Nuova Zelanda, cioè esattamente agli antipodi di Montemarcello. Ecco la
tomba diventata una *camera oscura* meravigliosa: "Quel che si scontra con la morte,
muove lo sguardo di questo scontro".[10] L'esercizio non è privo di pericolo, come dimostra
il progetto non realizzato di uno specchio che si arroventa e brucia chiunque avesse la
temerarietà di volervisi specchiare.[11] Rifacendosi al mito di Medusa, *Sun Dam* (2001) ri-
afferma il potere mortifero dello sguardo. Raggi luminosi producono crepe in un muro
imponente. Il dispositivo basta a pietrificare lo spettatore, esposto a una doppia
minaccia: accecamento e seppellimento. Altra evocazione mitologica: la morte di
Narciso e la sua metamorfosi in un fiore. Nella penombra, strani narcisi dai petali
macchiati da chiazze colorate che ricordano i dripping di Jackson Pollock emergono da
un piccolo stagno. Intitolato *Armonia Meravigliosa* (2000), l'opera riattiva la lettura
freudiana del mito in cui il fiore simbolizza la sublimazione della pulsione scopica
nell'atto artistico. È rischiando di morire che l'opera si fa. Luminosa e temeraria, eroica
e insolente, l'opera di Vedovamazzei affronta la violenza del visibile a occhi ben aperti.
Il loro sguardo non teme né il sole, né la morte.

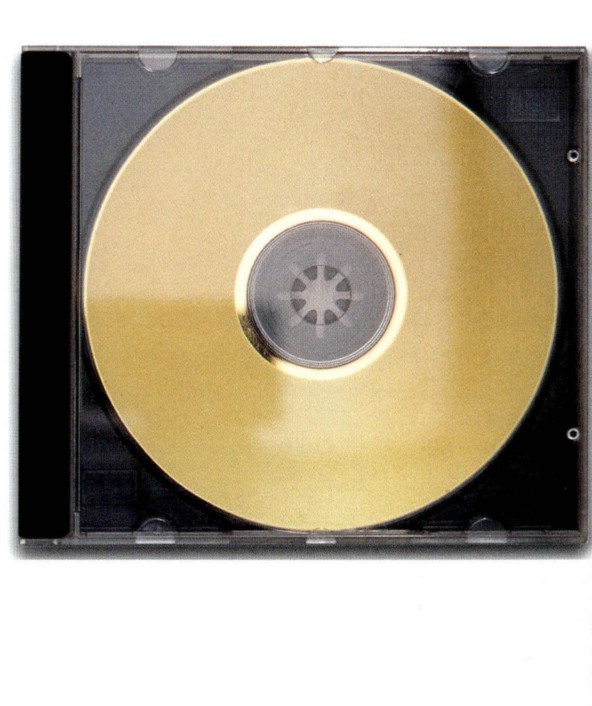

Note

1. "Né il sole né la morte possono essere guardati fissamente", François de La Rochefoucauld, *Maximes* (1664), Garnier, Paris 1967, p. 13.

2. Cristiana Perrella, *Vedovamazzei. Armonia Meravigliosa,* Magazzino d'Arte Moderna, Roma 2001.

3. Su *Plötzlich diese Übersicht* ("All'improvviso questa visione d'insieme") vedi Marc-Olivier Wahler, "Peter Fischli, David Weiss: en attendant dimanche", *Art Press,* n. 244, mars 1999, p. 22-23. L'autore fa notare che la traduzione dovrebbe essere più esattamente "All'improvviso tutto diviene più chiaro".

4. *Storia naturale di Vedovamazzei,* a cura di Mirta d'Argenzio, Trolley Ltd., London 2003, p. 70.

5. Vedi per esempio *SoHO* (2001), *Lampade di Galileo Galilei* (2001-04).

6. "Il Dogma di Vedovamazzei con Cloe Piccoli e il fuxia 199" (intervista), in *Perché. Fuori Uso '97,* Associazione Culturale Arte Nova, Pescara 1997, p.n.n.

7. *Storia naturale di Vedovamazzei* cit., pag. 84.

8. James Joyce, *Ulysses* (1922), Gallimard, Paris 1948, p. 39, in Georges Didi-Huberman, *Ce que nous voyons, ce qui nous regarde,* Les Éditions de Minuit, Paris 1992, p. 9 e passim.

9. *Storia naturale di Vedovamazzei* cit., pp. 46-47, 68-69.

10. Georges Didi-Huberman, *Ce que nous voyons…* cit. p. 96, a proposito di certe opere minimaliste che giocano con l'iconografia della tomba e il suggerimento implicito di una assenza.

11. *Storia naturale di Vedovamazzei* cit., pp. 120-21.

62 *Burning Mirror,* 1998

pagine seguenti/*following pages*
63 *Cartamodello,* 1992

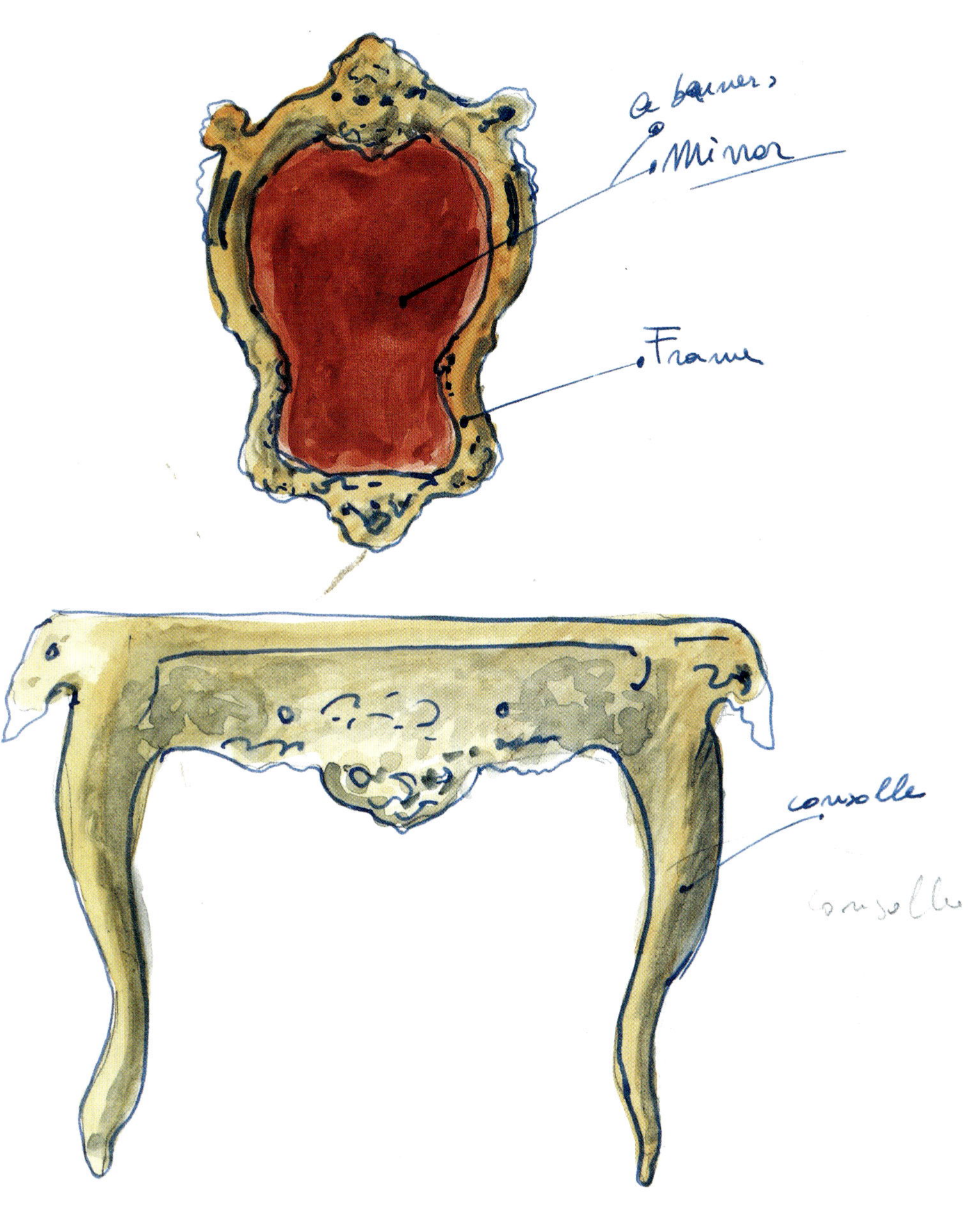

a baisser
. Mirror
. Frame
consolle
consolle
mirror
battery

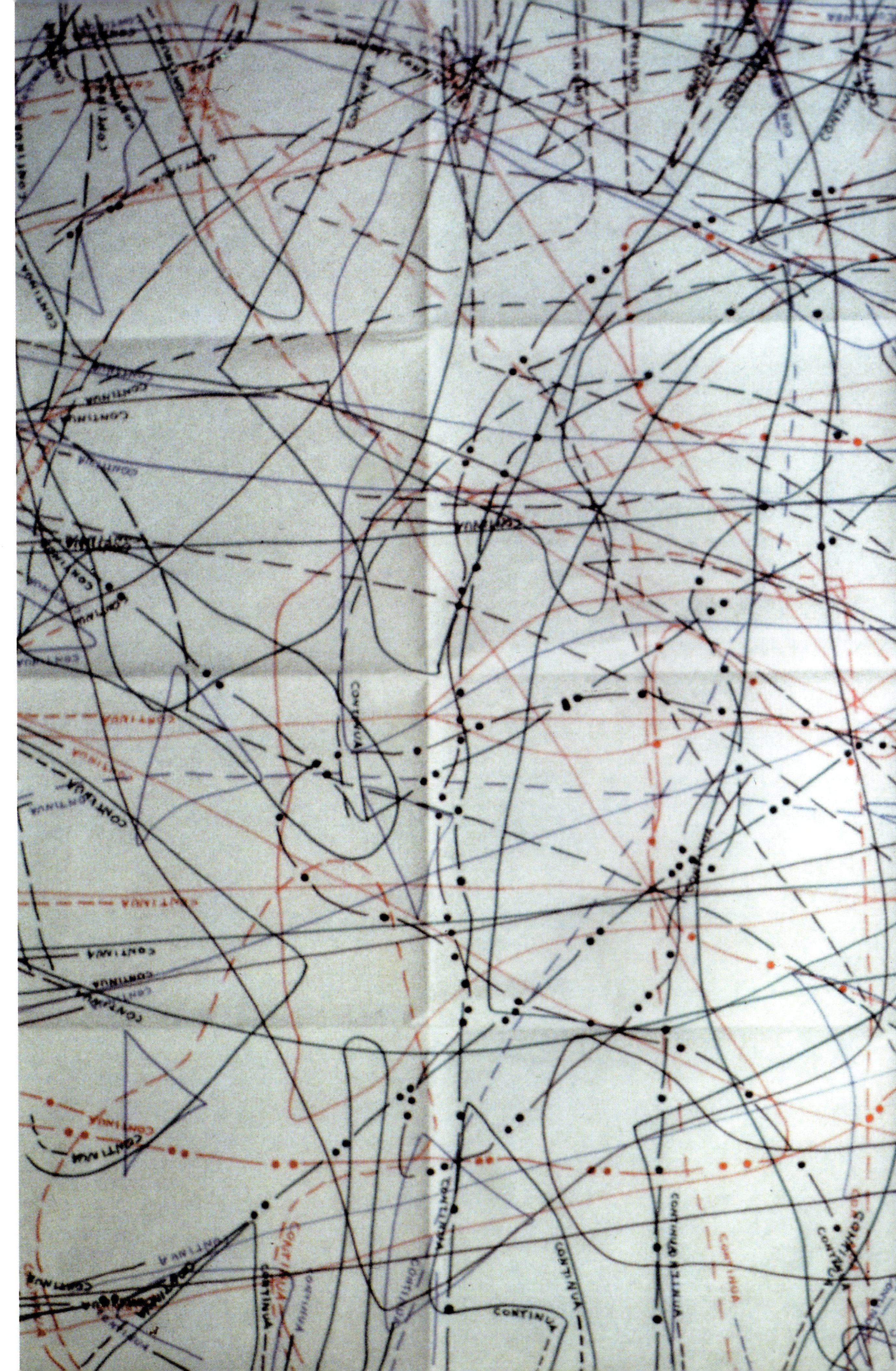

CONTINUA

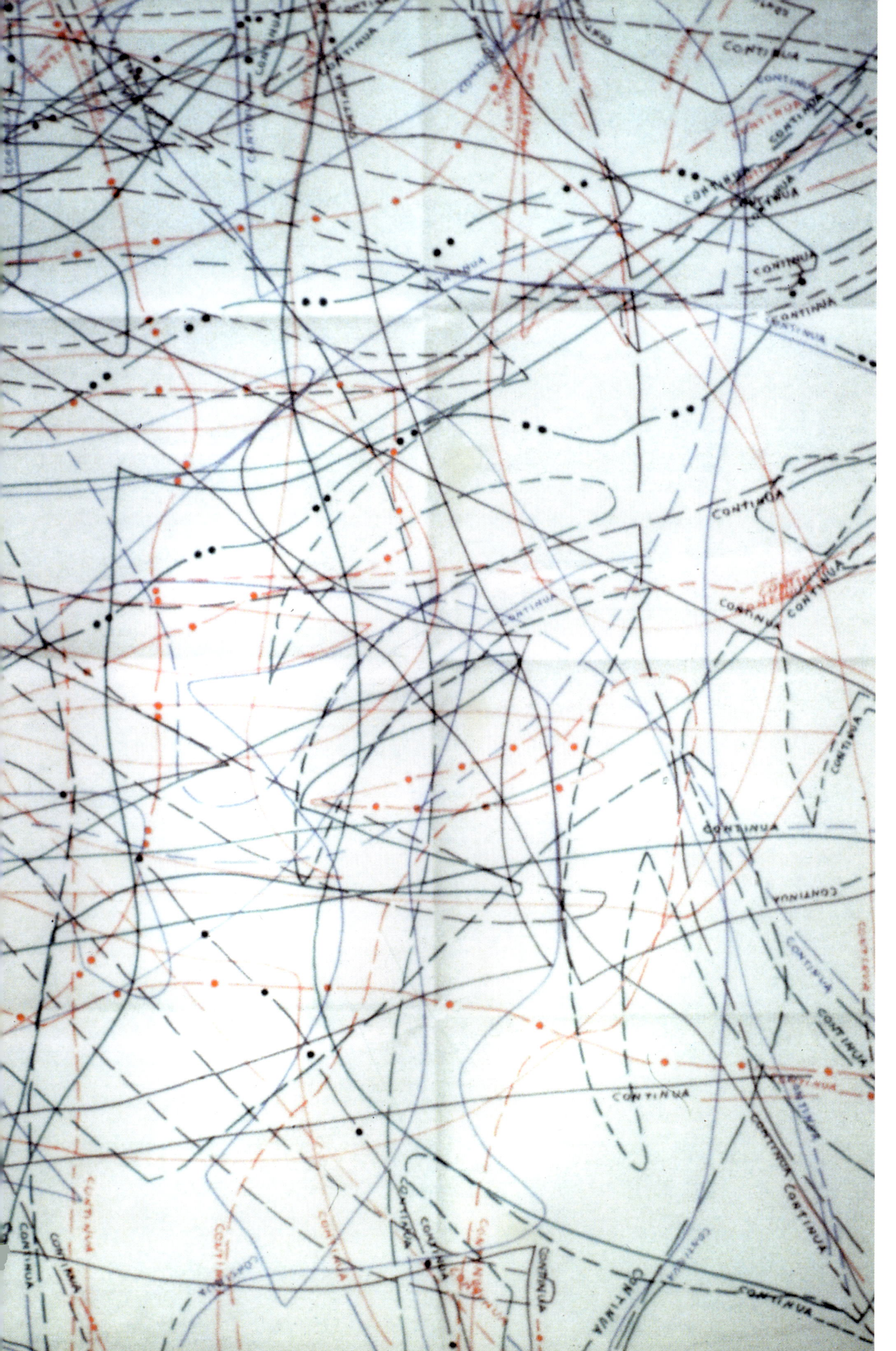

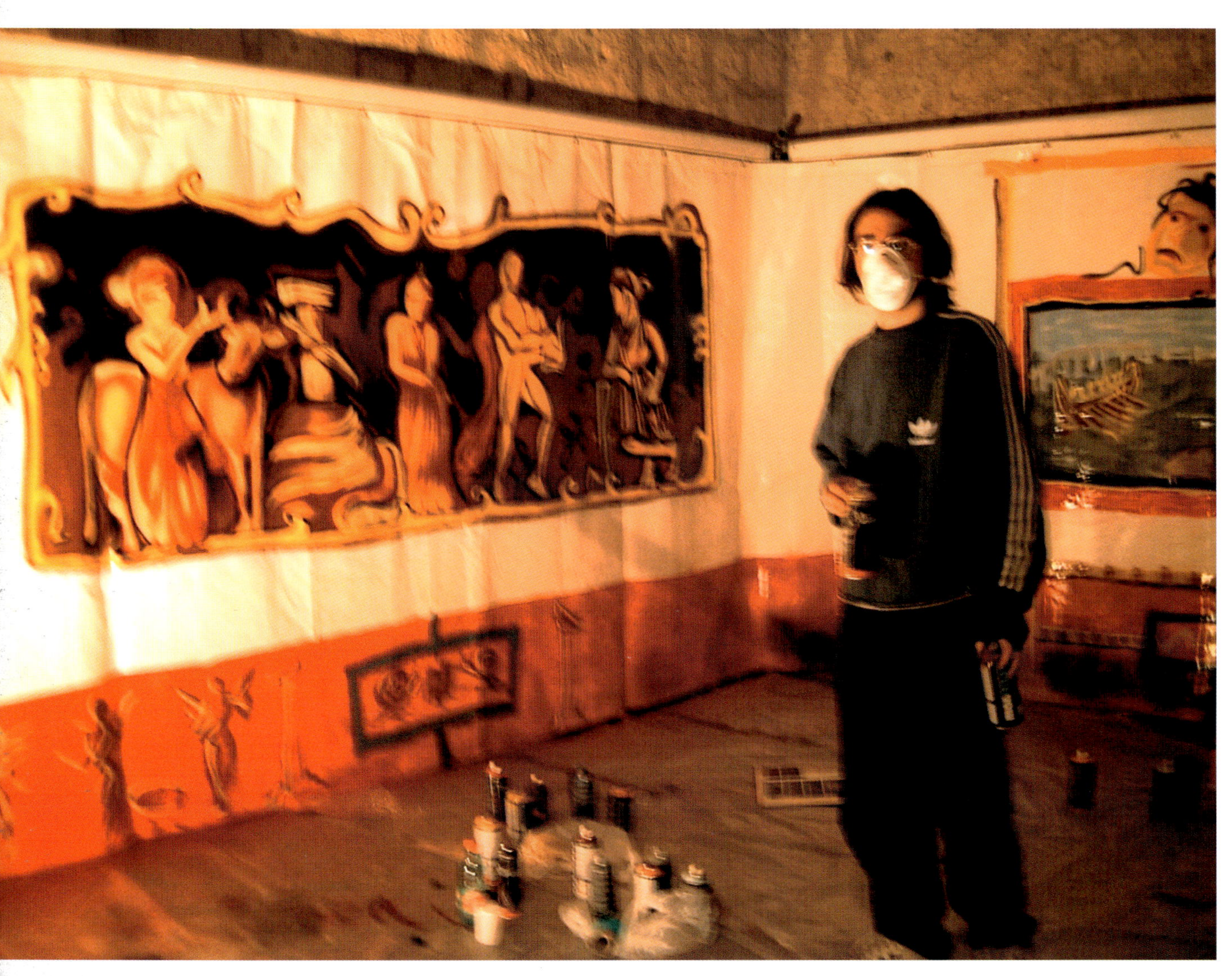

64 *Casa dei Veti (Pompei)*, 2002
65 *Simeone fa Dracula. Stella fa Stella*, 1992

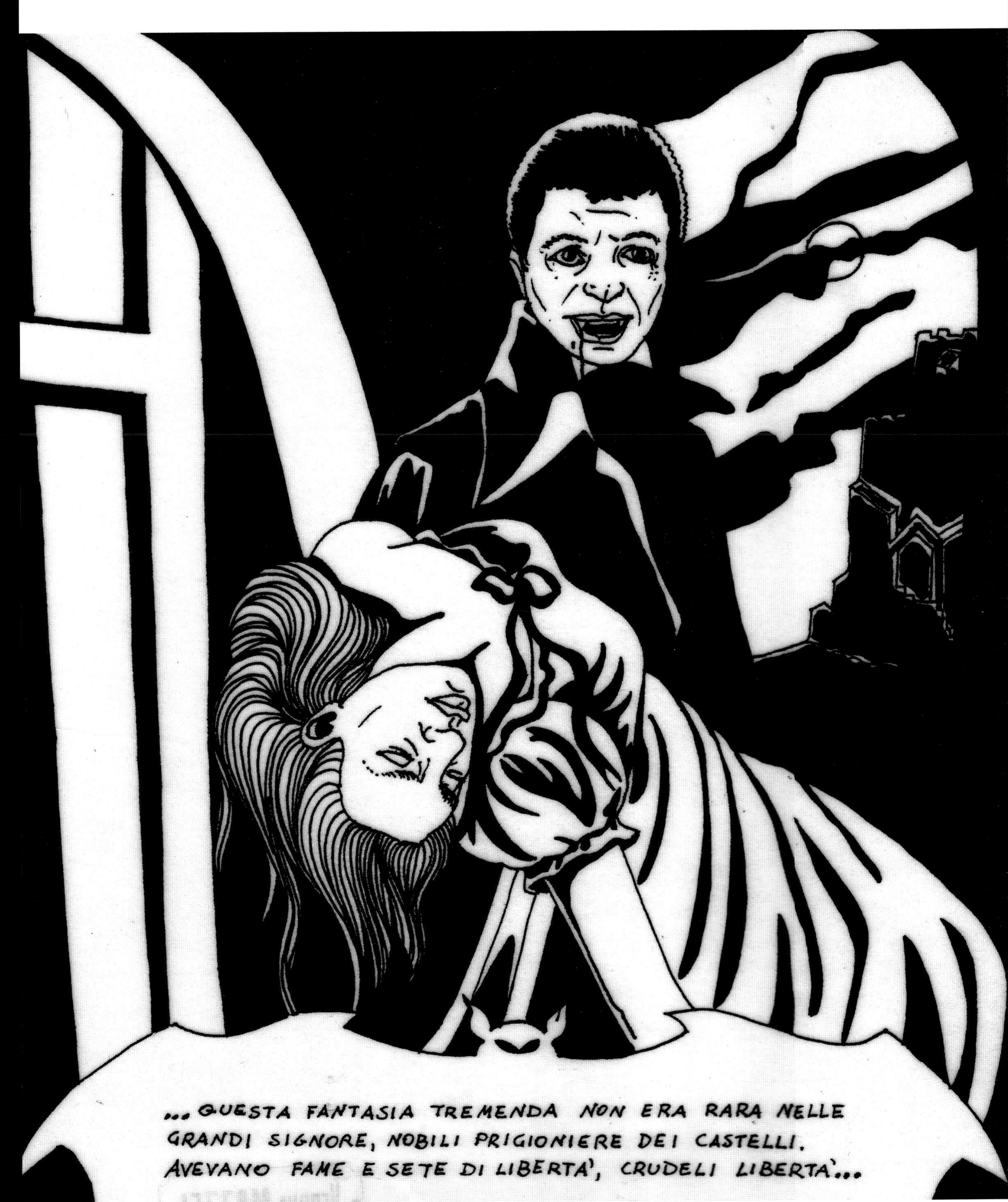

...QUESTA FANTASIA TREMENDA NON ERA RARA NELLE GRANDI SIGNORE, NOBILI PRIGIONIERE DEI CASTELLI. AVEVANO FAME E SETE DI LIBERTA', CRUDELI LIBERTA'...

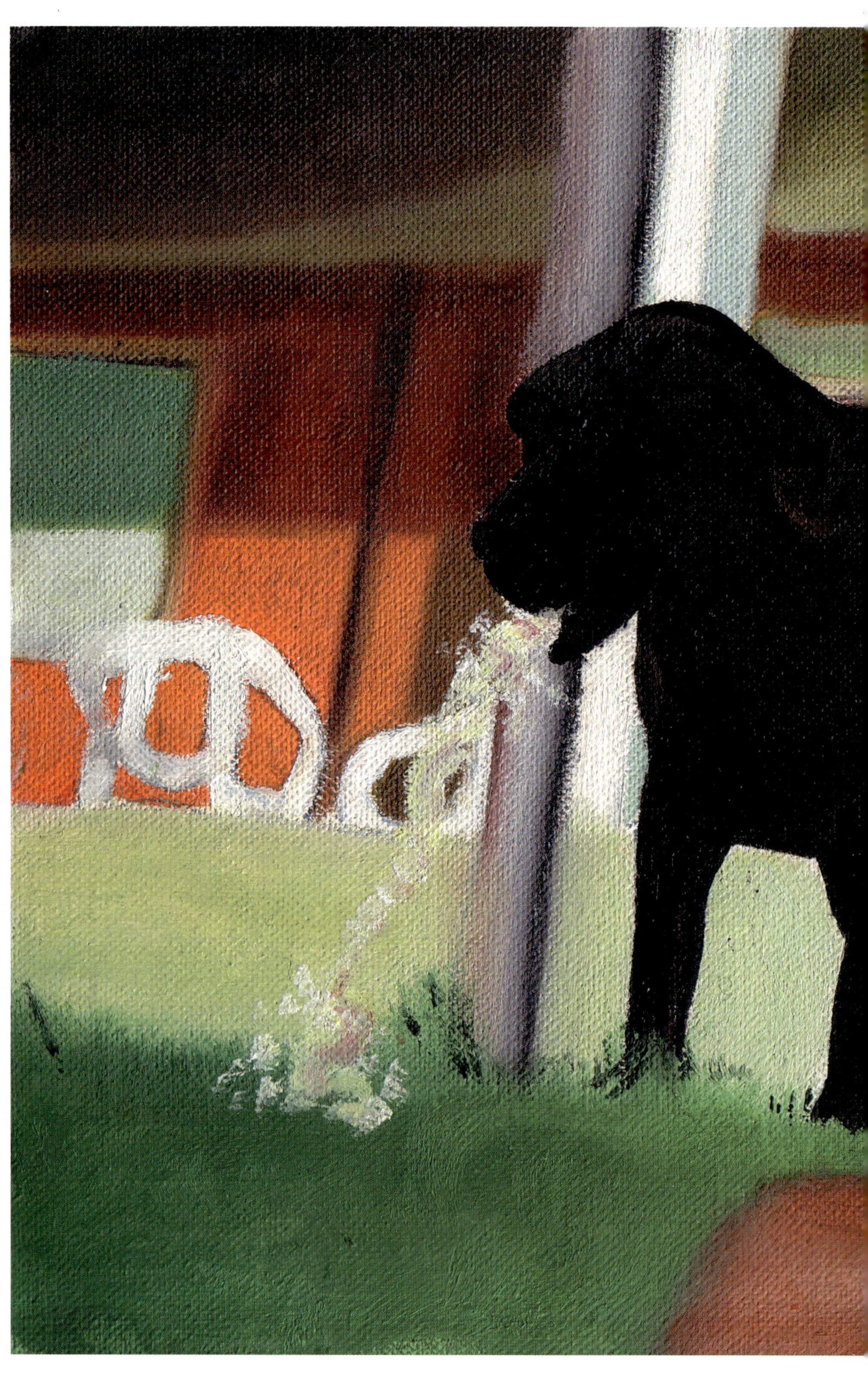

66 *Cane che vomita*, 1992

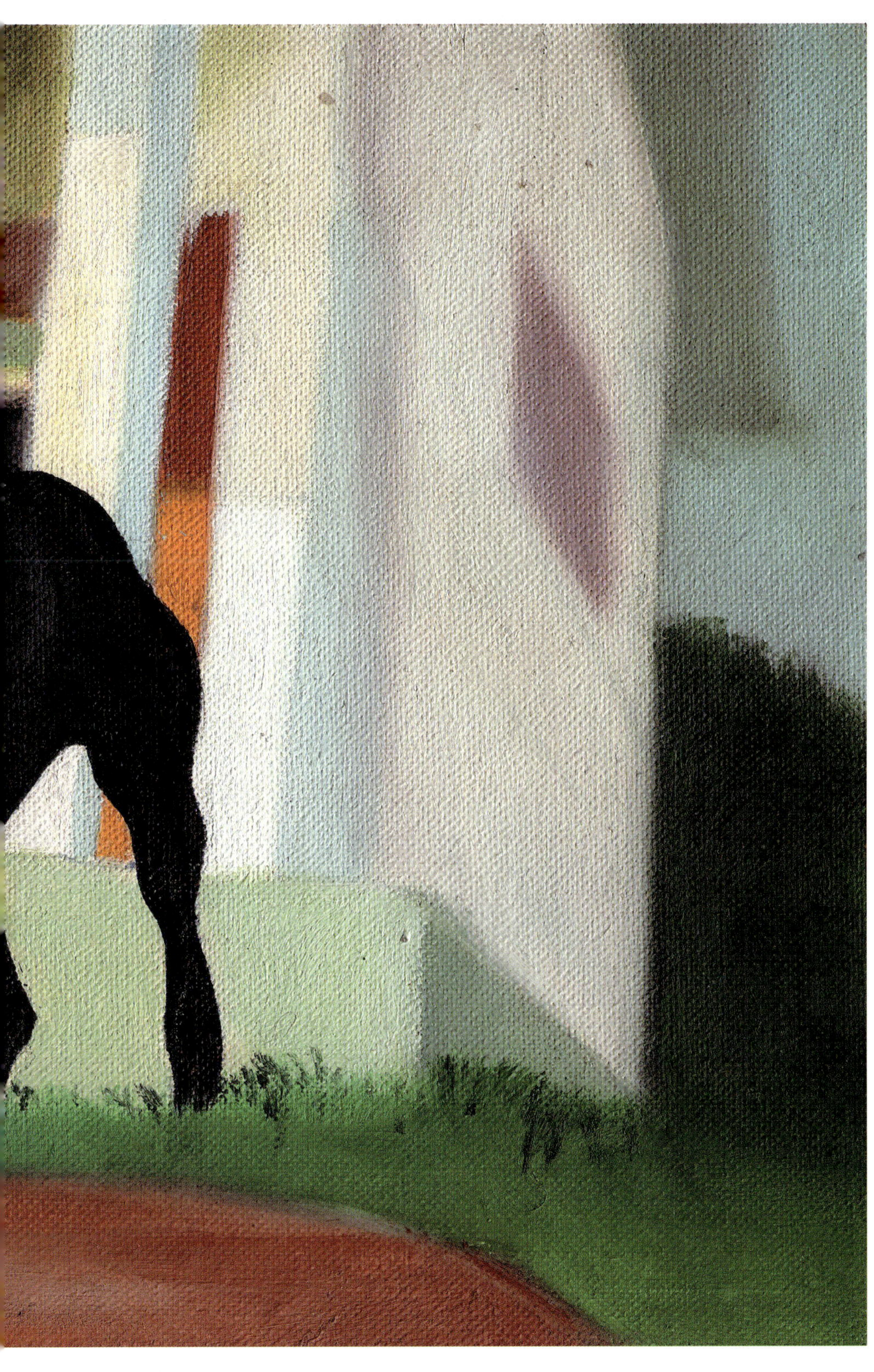

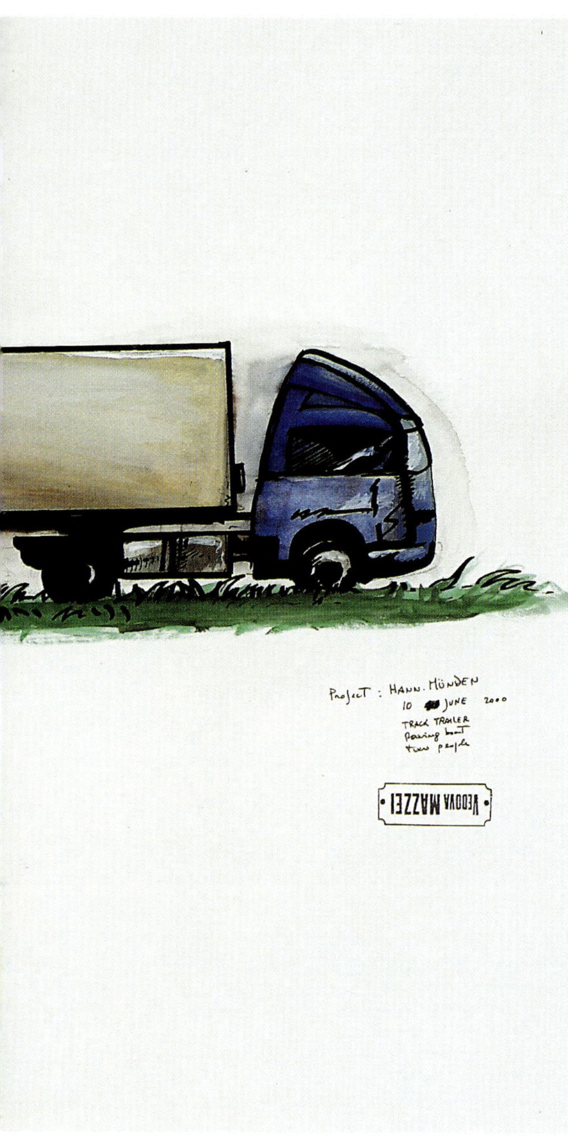

The Obscenity of the Gaze

Charlotte Laubard

Le soleil ni la mort ne se peuvent regarder fixement
François de La Rochefoucauld[1]

What is immediately striking in the oeuvre of Vedovamazzei is its extreme polymorphism — to the point that art criticism has often hesitated upon the threshold of this extraordinary heterogeneity. Thus the exhibition in the Galleria Civica d'Arte Moderna in Turin brings together a three-dimensional neon installation representing a stork with its feet in a pond (*For Once in My Life*, 1997-2004), simple wooden tables covered by a coating of glass (*Tavolaccio*, 2004), another cube made of glass, monumental this time, containing a chandelier whose lights are softened by a thick haze of nocturnal blue (*Bluish*, 2004), a mirror that rotates around its own axis (*Short Sighted Mirror*, 2002) and, installed outside the museum, a 28-ton truck whose trailer has been filled with water so as to form a little lake at a height of four meters (*Go Wherever You Want, Bring Me Whatever You Wish*, 2000-04). When we add to all this an authentic basketball player who wanders tearfully through the exhibition space, we are nonplussed once and for all. If most of the works evince a familiarity with reality and at first exude a certain seductiveness, mixing humor with a sense for melodrama, they seem to wish to escape from interpretation at whatever the cost. While numerous critics have viewed this frustrating ambiguity under the overly simple sign of an ironical offhandedness, others have insisted upon the transgressive aspect which it assumes: "If it is then added that the two treat the most disparate media, styles and themes with subversive and anarchic freedom, almost as if they derived entertainment from muddying the waters, and making any definition of their own modus operandi difficult, then their role as outsiders, of artists difficult to place or classify, is assured."[2]

With the publication of the "natural history" of Vedovamazzei (*Storia naturale di Vedovamazzei*), one realizes the extent to which the universe of the two artists, Stella Scala and Simeone Crispino, can be grasped only in its fragmented entirety. Life and work are presented there conjointly in the form of some four hundred watercolored boards in adherence to a taxonomical classification displaying a specious rigor: "organisational basis… morphology… habitat, typology" … and "artist's reproductive organs and their function." The entire grouping reads like a diary to which have been consigned the "images" of a rambling mode of thought, brimming with digressions and revealing a bulimia of the scrutinizing look, an extreme curiosity for that which surrounds us and inhabits us – people, objects, anecdotes, History, natural phenomena… The projects are born directly out of this everyday practice of observation and exist as delicately delineated sketches where one follows their development, views the various transformations up to their final realization or abandonment ("project not realized"). The seamless succession from the absolutely banal to the utterly extravagant recalls the oeuvre of another artistic duo, Fischli & Weiss, in particular their first installation from 1981, *Plötzlich Diese Übersicht* ("Suddenly This Overview"), composed of 250 figurines made by hand out of clay and arranged upon pedestals at eye level, where the world offers itself to view in all its schizophrenic diversity, from the round loaf of bread ("Bread") adjoining "The Invention of the Mini-Skirt" to "Nero on the Balcony before Rome in Flames," or, more simply, a couple peacefully asleep, namely "Mr. and Mrs. Einstein Right After Having Conceived Their Son, the Genius Albert."[3] In *Storia naturale di Vedovamazzei* and, more recently, in the dozens of exercise books that the two artists have perforated with tiny objects cut right out of the paper, one again encounters the same shift in focus. The absurd miniaturization and the profuse presentation devoid of any hierarchy of value induce a deeply disconcerting decontextualization of the point of view and of the act of scrutiny. "Everything viewed from close-up is pornographic,"[4] the two Italian artists mischievously remind us. It is the same with *Tavolaccio* (2004), which in fact consists of quite ordinary wooden tables, prisoners of a strange glass envelope which suspends them in startling levitation above the ground. Cast as sustenance before the hungry gaze of the viewer/voyeur by the addition of the superfluous glass case, they manifest a trivial objecthood and a fundamental ambiguity which for all that seem only to be all the more unsettling. Obscene like the vulgar *Olympia* of Manet, like the coarseness of Caravaggio's scenic dispositions or like the flashy kitsch of Jeff Koons' objects, their incongruous realism flabbergasts inspection and abrogates any attempt at interpretation. "This is neither a ready made nor a table," they seem still to proclaim, absurdly frozen in this improbable flotation which renders them deceptive from both a phenomenological and a transcendental point of view. Yet there they are, "off-scene" like those other works which pay tribute to the constellations sketched by Galileo, that heretical observer who died from having tried to display reality in all its nudity.[5]

The off-screen theme of the gaze begins to appear in the work of Vedovamazzei in the years from 2000 onward. *155 a.C.* (2001) consists of a bench located in a park on

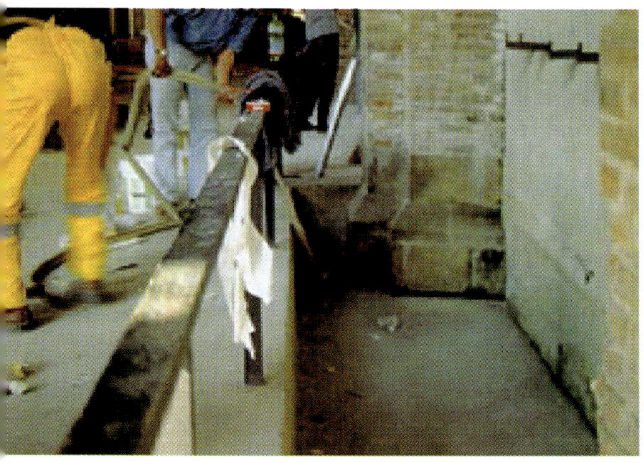

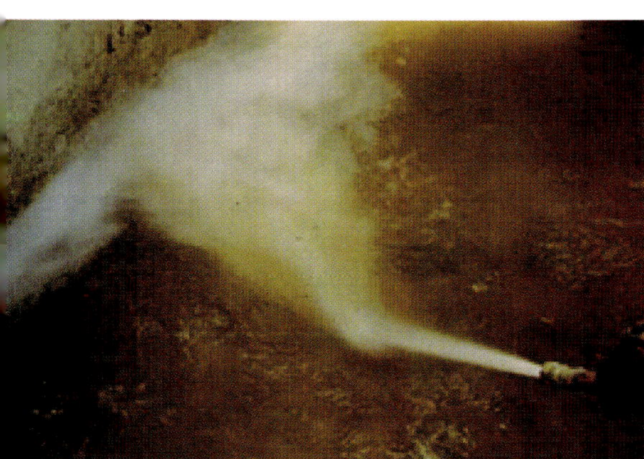

Montemarcello in Liguria, set up so as to offer an ideal perspective with regard to the panorama of the valley which unfolds before our eyes. This ordinary landscape convention assuring the orientation of vision finds itself to be parasitized as soon as the onlooker responds to the invitation to contemplation which is tacitly offered by the presence of the bench. All at once there arises an infernal uproar of men's shouts and the clanking of crossed swords, definitively parasitizing the peaceful view of the panorama. It is as if our gaze were being unconsciously stimulated by the memory of this place, where an illustrious battle took place in ancestral times. To know that it was fought by the Consul Marcellus against the Ligurians in 155 B.C. is of little help. Once again, *that which one sees* finds itself to be prevailed upon by uncertainty. The jamming of perception is a constant which one encounters right from the start in the works of Vedovamazzei, for example *Fog* (1992), a dense mist invading the exposition space, or the sound of the passage of an airplane whose low-frequency bass tones lead to a loss of equilibrium and orientation (*Mirage*, 1996). This uncertainty has its origin in the fundamental duplicity of the artists' own view of the world: "When two people collaborate, it is the dissimilarity in their points of view which leads to the creation of a work."[6] With the separation of the couple in 2000, the question as to the point of view characteristic of these two artists who have chosen to continue to work together has accordingly taken on a wider scope. With *Go Wherever You Want, Bring Me Whatever You Wish* (2000), a 28-ton truck which is presented in the open air and whose trailer has been filled with water so as to form a little lake with reeds, bridge and boat, the point of view rises by four meters. It thereby corresponds to the exact height reached in the fifteenth century by a devastating flood which struck the village of Hann Münden in Germany, where the work of the two artists was installed. Like *155 a.C.*, perception has forsaken the field of physical affliction here in order to attain a more mental dimension, a setting in which the gaze reveals itself to be "inhabited." One thinks of the inter-world defined by the philosopher Maurice Merleau-Ponty in order to designate that space which links our consciousness to objects in the process of perception. Other works have assimilated in an appropriately specular manner this projection of consciousness onto objects. With the myopic looking-glasses (*Short Sighted Mirror*, 2002), or the architectural constructions with distorted perspective (*After Love*, 2003; *After Balance*, 2004), the objects themselves seem to be perturbed, affected by the potency of our gaze. "Things do not want to be looked at too much. If constancy and patience dwell on a subject, you will notice that the subject itself will change its behavior. If not its whole life. Some things change, they are revolutionized if someone looks at them."[7]

Proceeding from a passage of Joyce's *Ulysses* where one of the protagonists, Stephen

68 *2000 litri d'Arno*, 1995
69 *Stella Maris O.G.M.*, 2001

Dedalus, inquires into the "ineluctable modality of the visible," the art historian Georges Didi-Hubeman formulates the stupefying assertion that "that which we see only has value – only lives – in our eyes by that which looks at us."[8] Similarly to Dedalus, who can no longer contemplate the ocean without seeing in it the dying agony of his mother, our gaze is fundamentally an act of vision that is haunted, conditioned by loss. Not only is this experience of mourning found in the signature chosen by the two artists, the "Vedova (widow) Mazzei," but one also surmises its presence within the representation in *Storia naturale di Vedovamazzei* of two traumatic episodes from their personal life: for Stella, the attempt to portray from memory the face of the man who assaulted her sexually as she was still a child, and for Simeone, the precise memory of the corpse which he discovered by chance when he was seven years old.[9] It is the recurring sense of loss experienced by the couple now in 2000, after almost twenty years of life shared in common, which impels the oeuvre of the two artists to concentrate in a more reflective manner upon this "ineluctable modality of the visible." On Montemarcello the artists installed, along with the bench of *155 a.C.*, a subterranean work, *Stella Maris O.G.M.* (2001). The entrance hollowed out in a cavity upon the slope and the descent into a murky room tend to make the work similar to a funerary cave. But here in the guise of a tomb we are in front of a quadrangular well filled with iridescent turquoise water whose chemical composition corresponds to that of the Pacific Ocean, precisely there at the Chatham Islands in New Zealand, in other words at the exact opposite point on the surface of the globe. The tomb has become a marvelous *camera obscura*: "That which faces up to death displaces the vision of this encounter."[10] The exercise is not without its dangers, as is indicated by the unrealized project of a mirror which reddens and roasts anyone curious enough to have the temerity to wish to contemplate him- or herself in it.[11] Recalling the myth of Medusa, *Sun Dam* (2001) reaffirms the deadening power of the act of looking. Luminous rays fissure an imposing wall. The pattern suffices to petrify the onlooker exposed to a double menace: that of being both blinded and buried. A further mythological evocation: namely the death of Narcissus and his metamorphosis into a flower. In the penumbra, strange narcissuses emerge from a small pond, their petals besmirched by colored streaks recalling the drippings of Jackson Pollock. Entitled *Armonia Meravigliosa* (2000), the work reactivates the Freudian reading of the myth in which the flower symbolizes the sublimation of the scopic impulse in the artistic act. It is at the risk of death that the work comes to be. Luminous and rash, heroic and impudent, the oeuvre of Vedovamazzei confronts the violence of the visible with eyes wide open. Their gaze fears neither sun nor death.

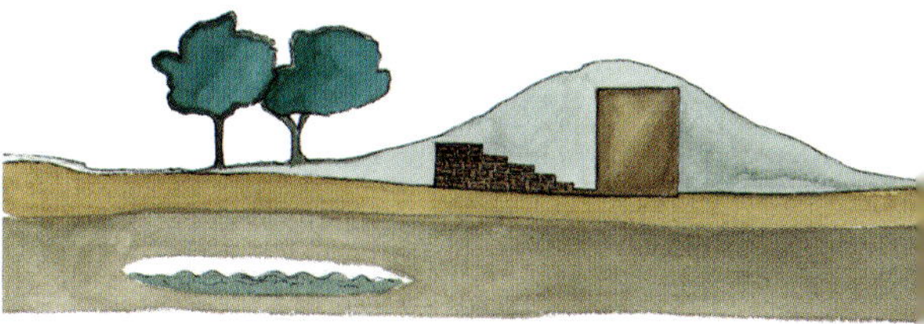

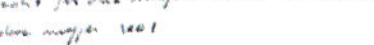

Notes

1. "Neither the sun nor death can be looked at steadily", François de La Rochefoucauld, *Maximes* (1664), Garnier, Paris 1967, p. 13.

2. Cristiana Perrella, *Vedovamazzei. Armonia Meravigliosa*, Magazzino d'Arte Moderna, Rome 2001.

3. Concerning *Plötzlich Diese Übersicht* ("Suddenly This Overview," see Marc-Olivier Wahler, "Peter Fischli, David Weiss: en attendant dimanche", *Art Press*, no. 244, mars 1999, pp. 22-23. The author stresses the point that a more exact translation would be "Suddenly Everything Becomes More Clear."

4. *Storia naturale di Vedovamazzei*, ed. Mirta d'Argenzio, Trolley Ltd., London 2003, p. 70.

5. Cf. for example *SoHO* (2001), *Lampade di Galileo Galilei* (2001-04).

6. "Il Dogma di Vedovamazzei con Cloe Piccoli e il fuxia 199" (interview), in *Perché. Fuori Uso '97*, Associazione Culturale Arte Nova, Pescara 1997, n.p.

7. *Storia naturale di Vedovamazzei* cit., p. 84.

8. James Joyce, *Ulysses* (1922), Gallimard, Paris 1948, p. 39, in Georges Didi-Huberman, *Ce que nous voyons, ce qui nous regarde*, Les Édition de Minuit, Paris 1992, p. 9 and passim.

9. *Storia naturale di Vedovamazzei* cit., pp. 46-47, 68-69.

10. Georges Didi-Huberman, *Ce que nous voyons…* cit. p. 96, with regard to certain minimalist works which play with the iconography of the tomb and the implicit suggestion of an absence.

11. *Storia naturale di Vedovamazzei* cit., pp. 120-21.

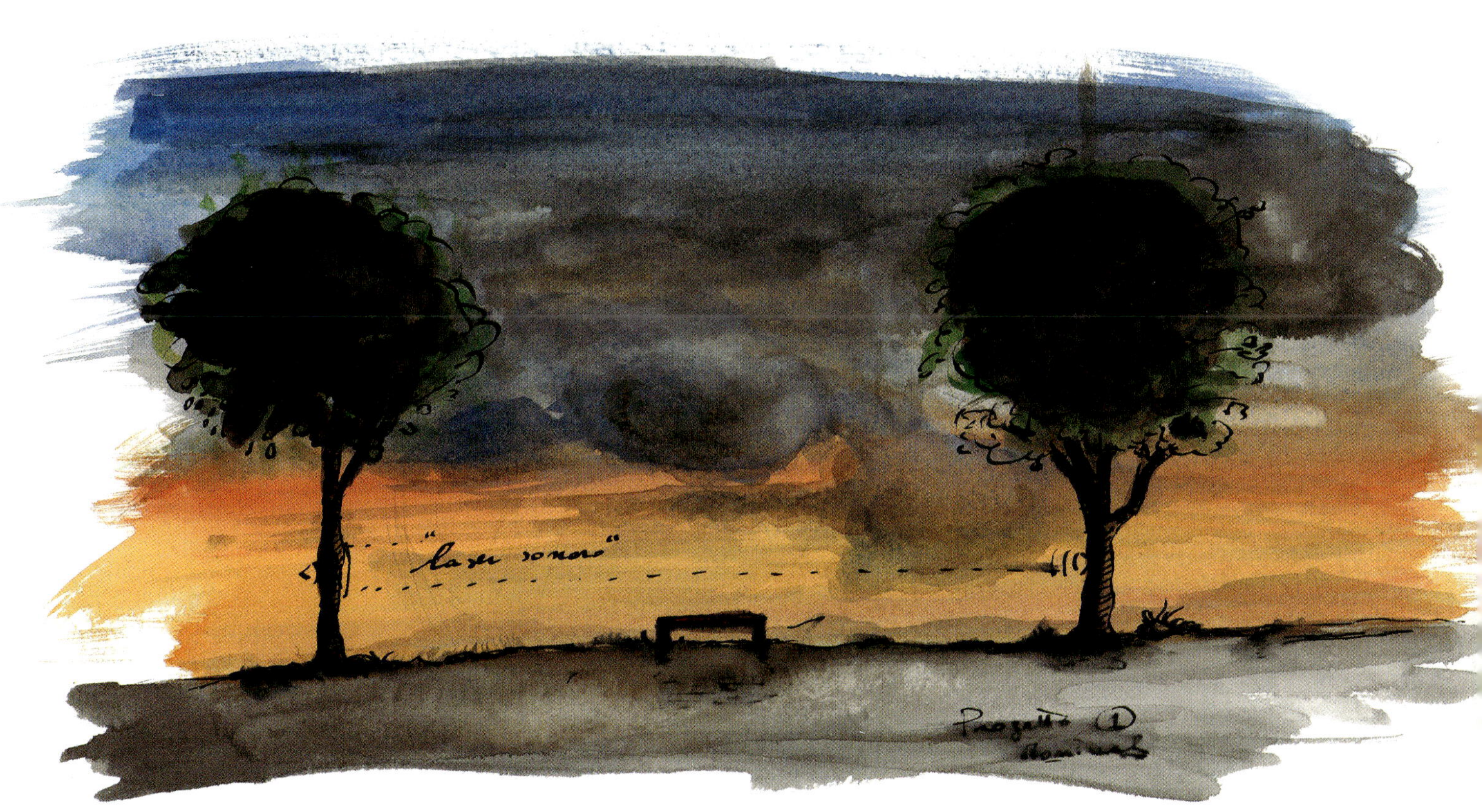

"laser sonoro"
Progetto ①

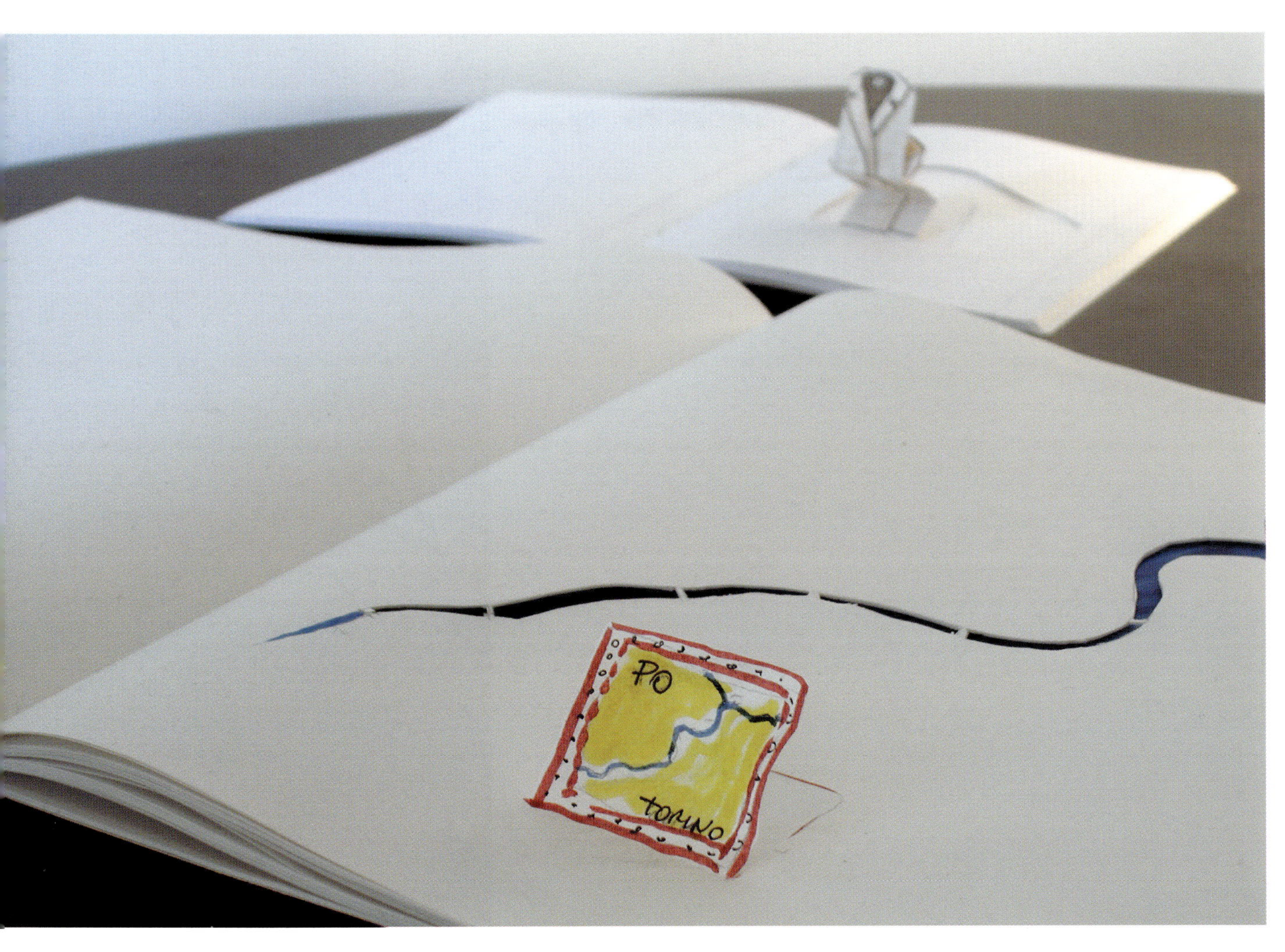

71 *Il Po e qualche ponte*
L'accappatoio di Nietzsche
da/from: *Torino Notebooks*, 2004
72 *Risma 500*, 1993

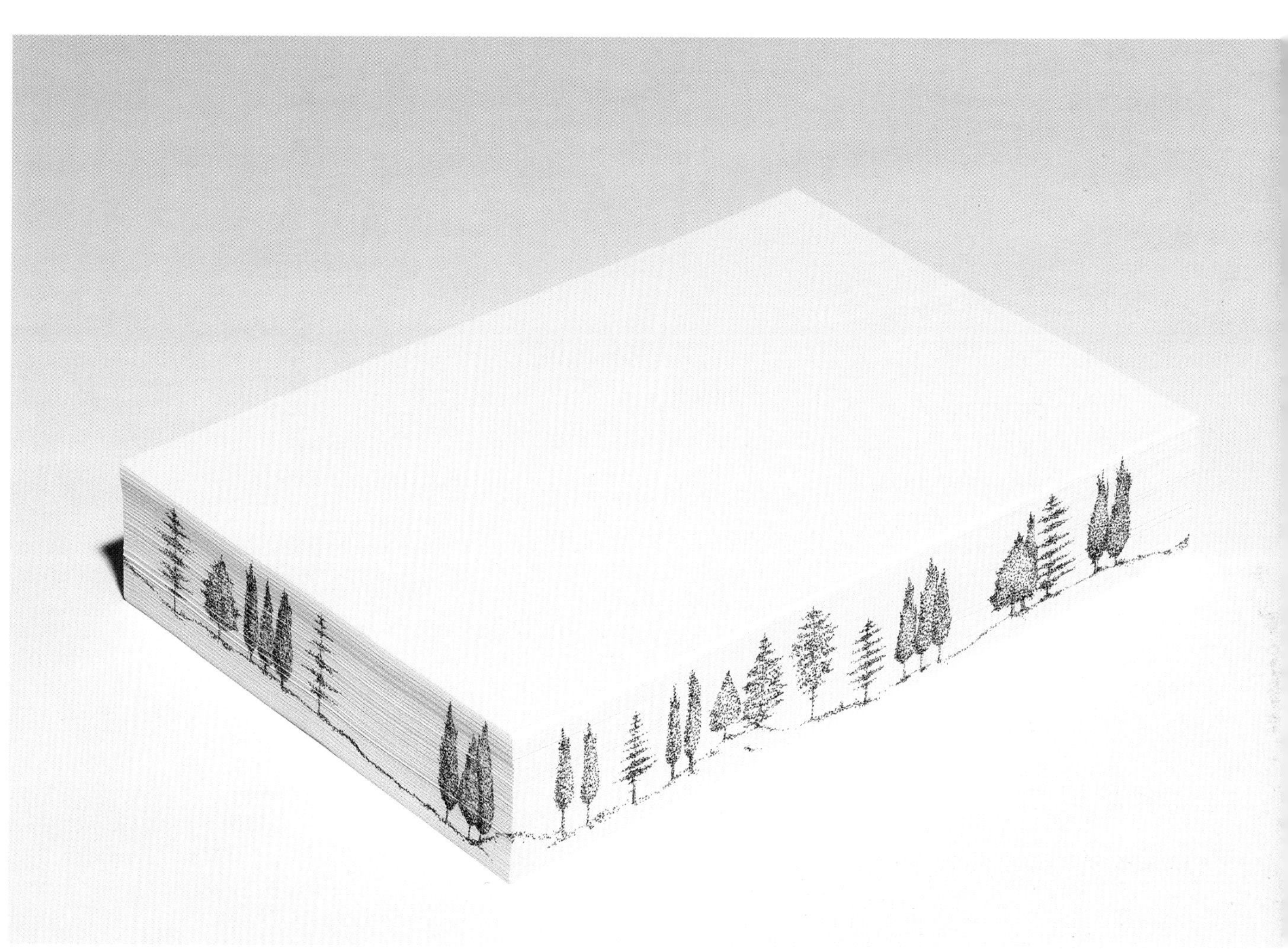

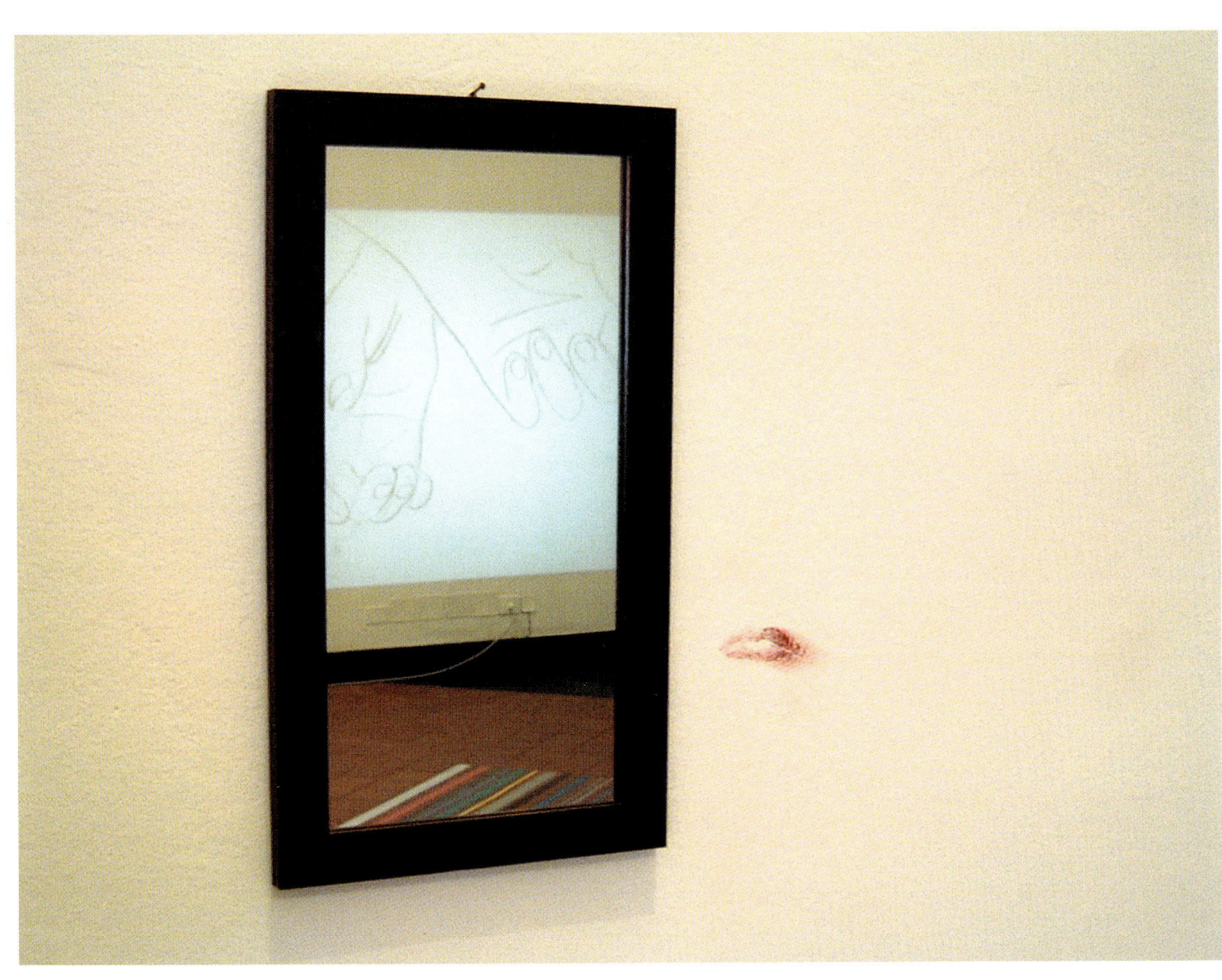

73 *Just a Kiss*, 2001
74 *Libreria*, 1995

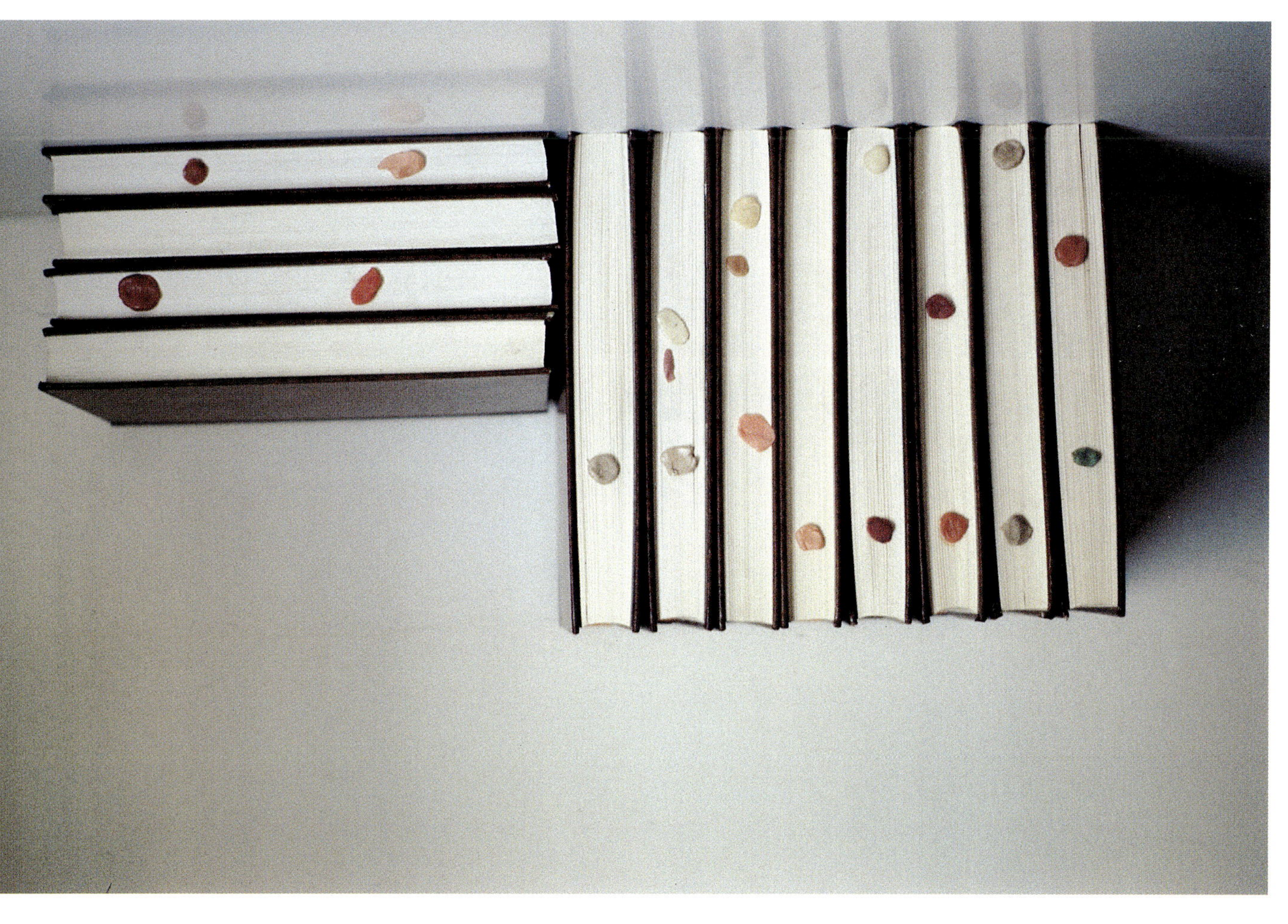

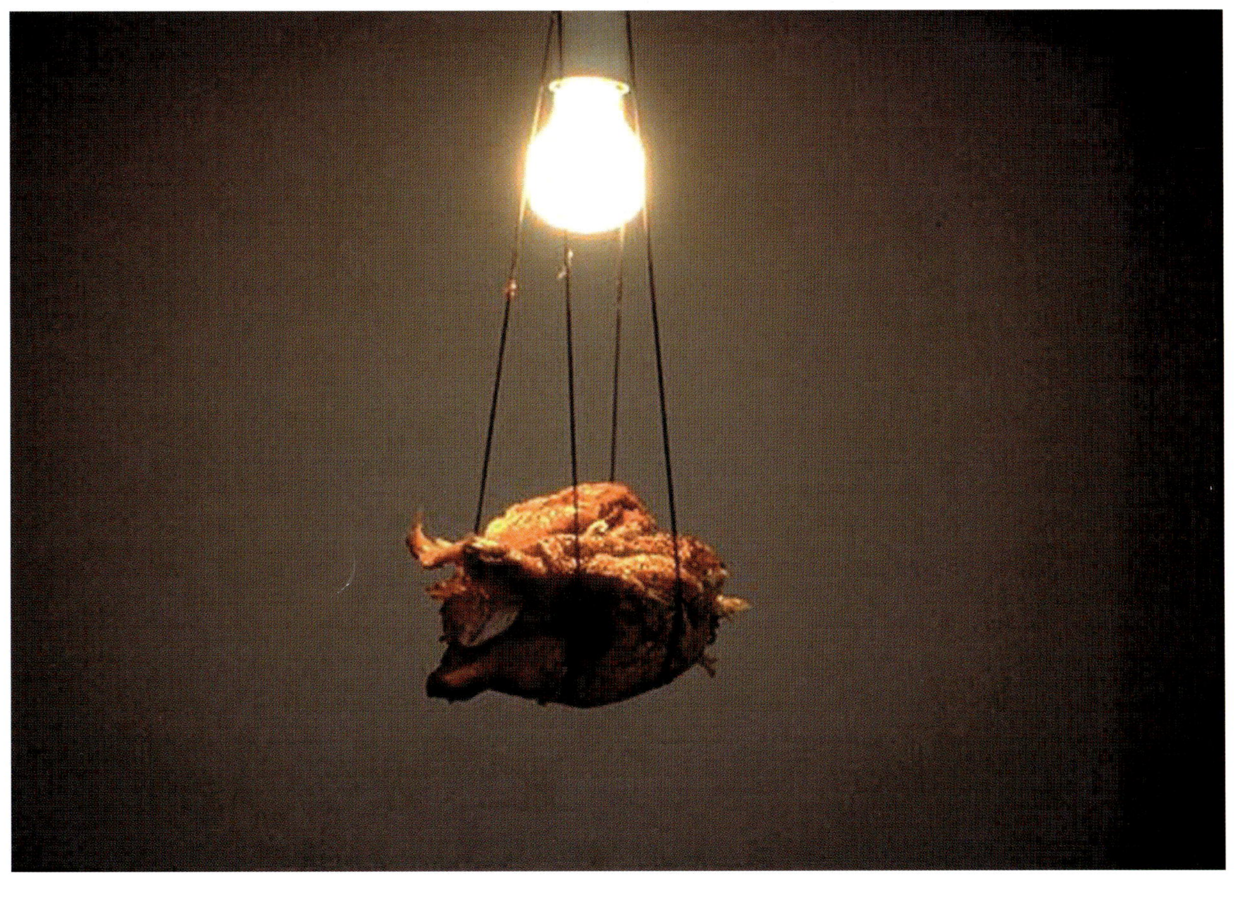

75 *Le difficoltà sono soltanto locali*, 1993
76 *tip tap*, 1995

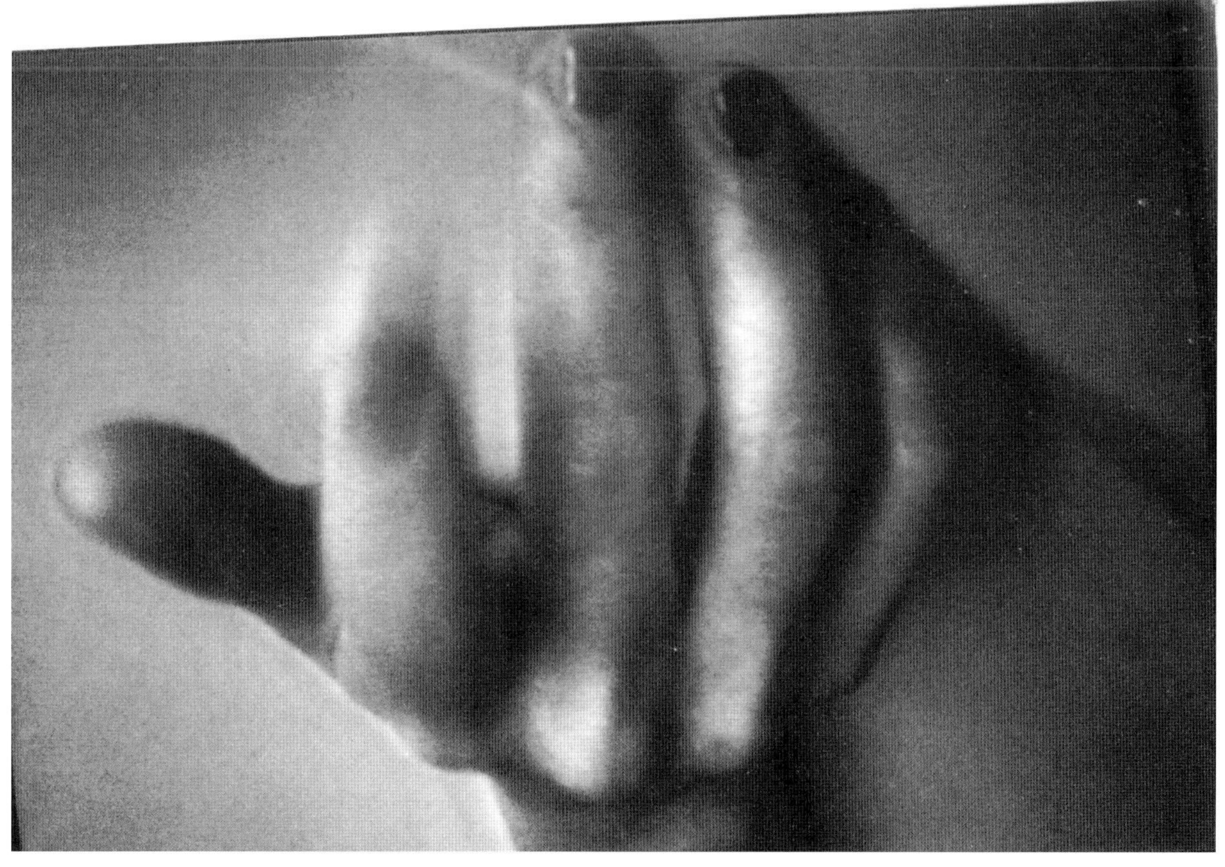

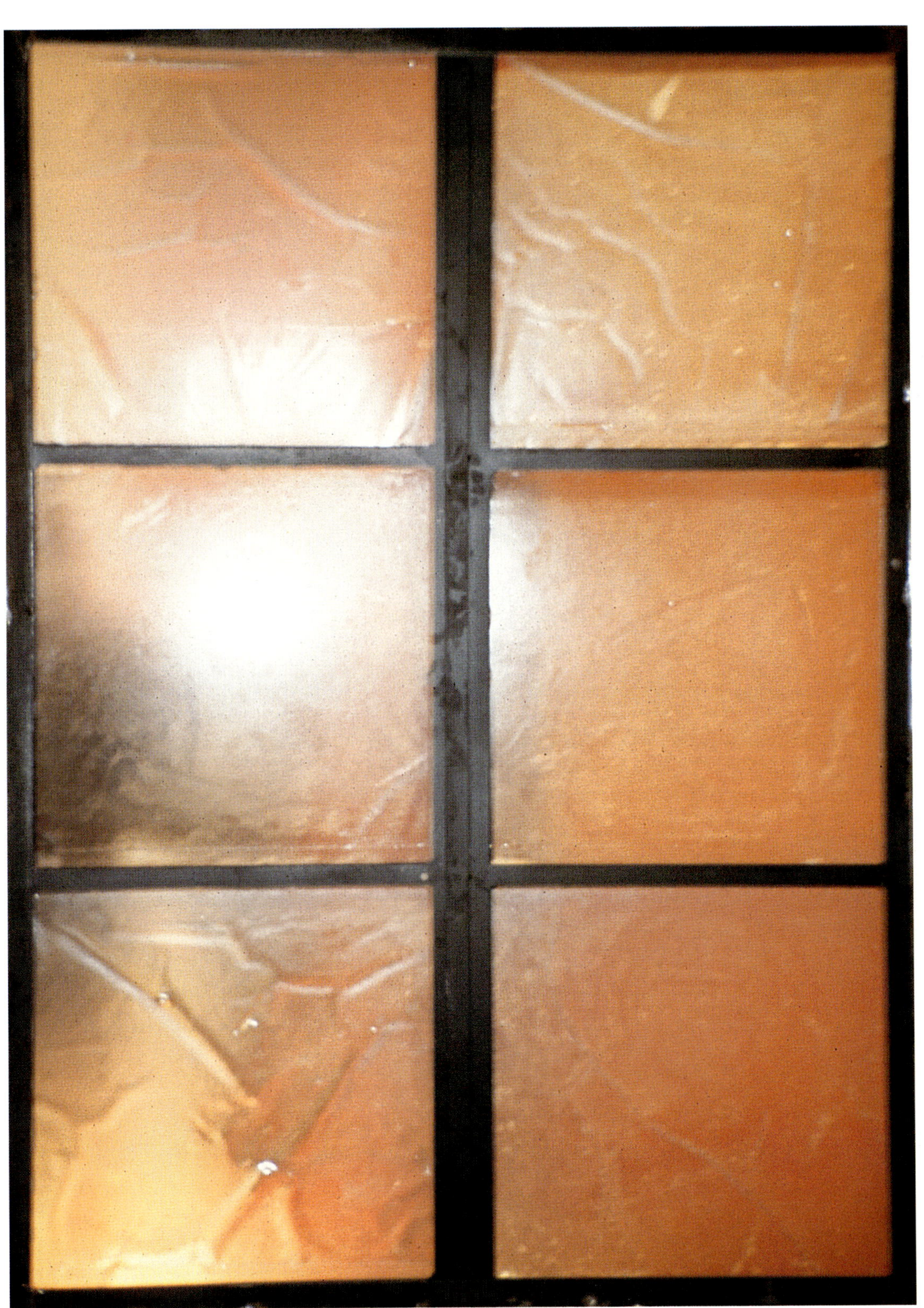

77 *Dallas*, 1996
78 *Paesaggio blu n°3*, 1992

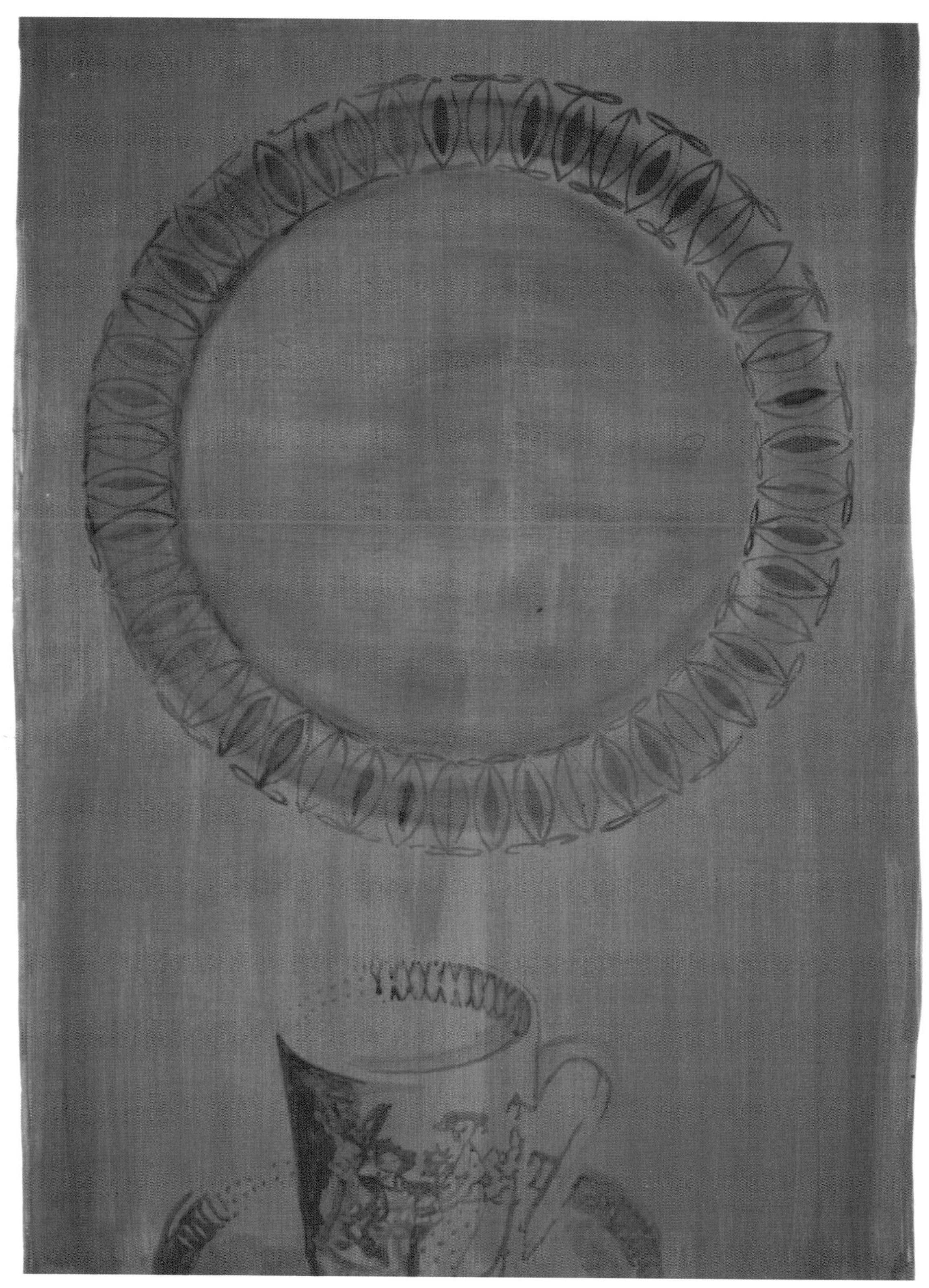

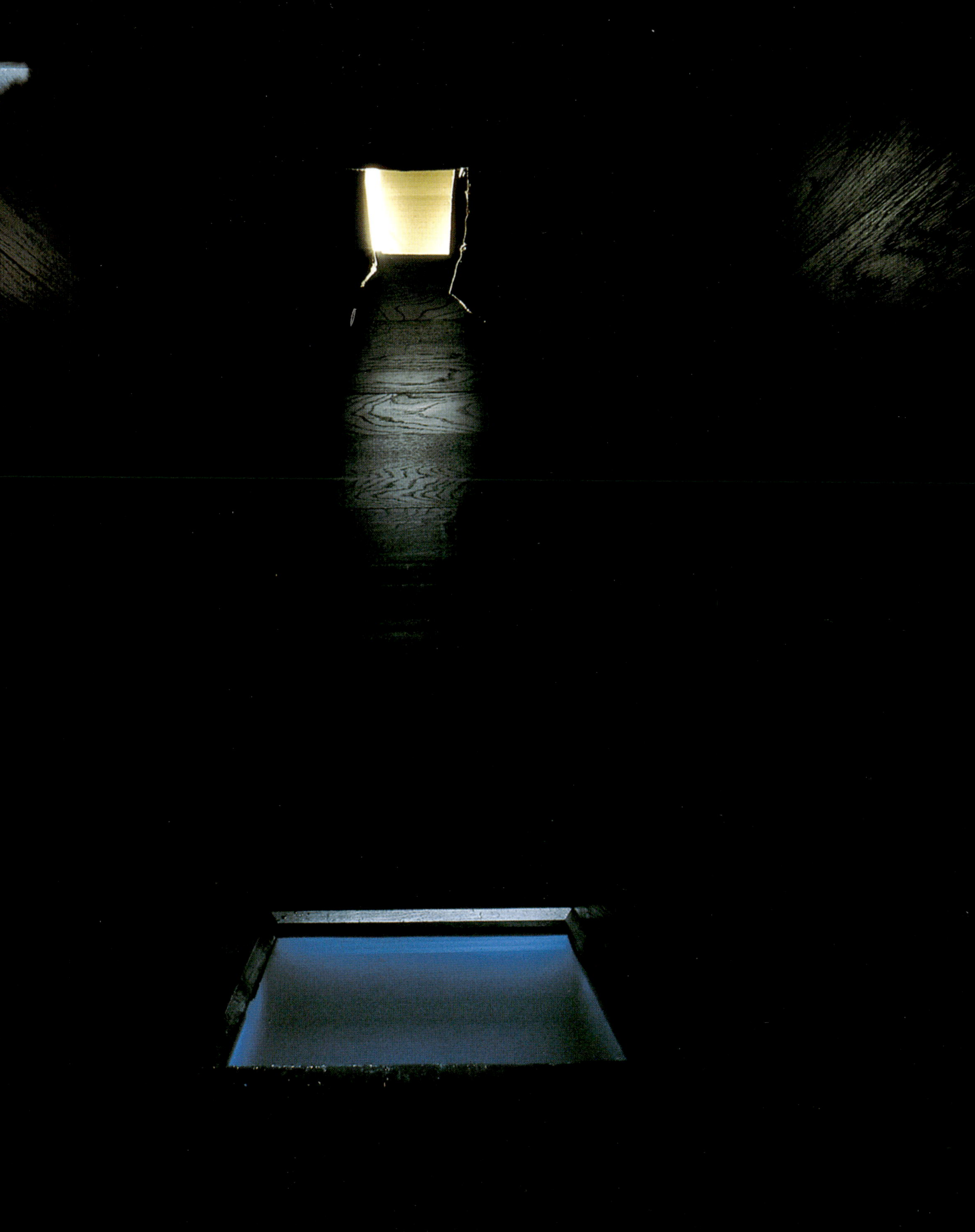

I
For Once in My Life, 2004
neon, plexiglass
albero/*tree*
200x93,5x8 cm
cicogna/*stork*
112x220x8 cm
scritta/*inscription*
100x110x8 cm

II
Short Sighted Mirror 2, 2002-04
specchio, motore, ferro
mirror, engine, iron
Ø 35 cm

III
Bluish, 2004
vetro, ferro, fumo colorato, lampadario
glass, iron, colored smoke, chandelier
260x150x260 cm

IV
Plank bed, 2004
tavolo in legno, vetro, tovaglioli di carta
wooden table, glass, paper napkins
170x87x44 cm

V
Plank bed, 2004
tavolo in legno, vetro, nastri adesivi
colorati
*wooden table, glass, colored adhesive
tapes*
180x253x51 cm

VI
Plank bed, 2004
tavolo in legno, vetro, *Torino Notebooks*,
risma di carta da 500 fogli
wooden table, glass, Torino Notebooks,
ream of 500 sheets of paper
165x152x102 cm

VII
*Go Wherever You Want, Bring Me
Whatever You Wish*, 2000-04
camion a rimorchio, legno, gomma, piante
acquatiche, ninfee, barca, remi, molo in
legno, scala in alluminio
*articulated lorry, wood, rubber, water
plants, water lilies, boat, oars, wooden
pier, aluminium ladder*
400x1675x250 cm

1
Bebè, 1991
buchi su parete
holes in wall
376,8x244,8 cm

2
E 127, 1995
cenere, polistirolo, silicone
ash, polystyrene, silicone
90x90x40 cm
Courtesy Magazzino Arte Moderna, Roma

3
Babies in Waiting, 1996
fotografia a colori
colour photograph
21x17 cm

4
A Modest Proposal, 1998
video (Betacam)
Queen 21'44", King 4'17"
edizione/*edition:* 1/9
Courtesy Magazzino Arte Moderna, Roma

5
After Love, 2003
tecnica mista
mixed media
760x680x380 cm
Courtesy Magazzino Arte Moderna, Roma
Courtesy Artra, Milano/Genova

6
Time without Example, 1999
fotografia lambda, cornice in legno laccato
lambda photo, lacquered wooden frame
120x120 cm

7
Pupa quae etiam carne humana vescitur,
1994
video (Betacam)
7'
edizione/*edition:* 1/9
FRAC Fond Règional d'Art Contemporaine
Languedoc-Roussillon, Montpellier
Courtesy Magazzino Arte Moderna, Roma

8
God Save the Queen, 1997
video (Betacam)
3'17"
edizione/*edition:* 1/9
Courtesy Magazzino Arte Moderna, Roma

9
*Vedovamazzei non ci fai paura abbiamo il
colpo in canna senza la sicura!*, 1994
vetro, plastica, acquavite
glass, plastic, distilled spirit
12x13x13 cm
Collezione privata/*Private collection*

10
Climbing, 2000
luci, cristalli, grata in ferro, sacco a pelo,
scatola di cartone, abat-jour
*lights, crystals, metal grating, sleeping
bag, cardboard box, lampshade*
Ø 300 cm
Centro Nazionale per le Arti
Contemporanee, MAXXI, Roma

11
Livelihood, 1998
marmo bianco di Paro
white Paro marble
110x110x3 cm
Collezione privata/*Private collection*

12
155 a.C., 2001
legno, lettore CD
wood, CD player
200x40x45 cm
edizione/*edition*: 1/3
Collezione privata/*Private collection*

13
*Go Wherever You Want, Bring Me
Whatever You Wish*, 2000
camion a rimorchio, legno, gomma, piante
acquatiche, ninfee, barca, remi, molo in
legno, scala in alluminio
*articulated lorry, wood, rubber, water
plants, water lilies, boat, oars, wooden
pier, aluminium ladder*
400x375x1300 cm

14
Dew Drops, 2000
cemento armato, Crystall & Mill, terra
rossa
reinforced concrete, Crystall & Mill, *red
soil*
200x100x180

15
Time without Example, 1999
(particolare/*detail*)
plexiglas, cristallo
Plexiglas, crystal
436x320,5x5 cm
Courtesy Artra, Milano/Genova

16
This can't be Love, 2003
fotografia lambda, cornice in legno laccato
lambda photo, lacquered wooden frame
140x180 cm
edizione/*edition*: 1/3
Collezione privata/*Private collection*

17
Neon nuvola, 2001
luce al neon
neon light
310x173 cm
Collezione privata, Peccioli/*Private
collection, Peccioli*

18
SoHO (Solar Heliospheric Observatory),
2001
ferro, luci, suono, dischi in vinile, giradischi
iron, lights, sound, vinyl LPs, turn-table
220x140x15 cm
Collezione privata/*Private collection*

19
Tornado, 2000
acquarello e pastello su fotografia
watercolor and pastels on photo
100x70 cm

20
How to Disappear Completely, 2000
sedia a rotelle, remi, scalmi, corde
wheelchair, oars, oarlocks, ropes
Courtesy Magazzino Arte Moderna, Roma

21
My Weakness, 2000
materassi, bicicletta
mattresses, bicycle
310x100x200 cm
Collezione privata/*Private collection*

22
Una piccola bomba francese, 1999
box per CD, CD, vetro
CD box, CDs, glass
28x12,5x2 cm
Collezione privata/*Private collection*

23
Butterfly Effect, 2004
parete in acciaio inox spazzolato
brushed stainless steel wall
387,3x376,1x12 cm

24
Lop-Sided, 2004
(particolare/*detail*)
tecnica mista
mixed media
Courtesy Spazio Erasmus, Milano

25
After Balance, 2004
(particolare/*detail*)
porta, vetro e ganci
door, glass and hooks
Courtesy Spazio Erasmus, Milano

26
Kyoto River, 2004
tavolino, nastri adesivi colorati
small table, colored self-adhesive tapes
Magazzino Arte Moderna, Roma

27
Isn't it Romantic, 2004
sedia, vetro
chair, glass
Magazzino Arte Moderna, Roma

28
A Modest Proposal, 1998
video (Betacam)
Queen 21'44", *King* 4'17"
edizione/*edition*: 1/9

29
Geografie bianche (casa di Stella), 1992
masonite, buchi e cornici
masonite, holes and frames
100x70 cm

30
Geografie bianche (casa di Simeone), 1992
masonite, buchi e cornici
masonite, holes and frames
100x70 cm

31
Apparato respiratorio, 1991
buchi su parete
holes in wall
400x400 cm

32
Radiografia di Pinocchio, 1992
olio su tela
oil on canvas
200x200 cm
Collezione privata/*Private collection*

33
Fat in the Land, 2000
porcellana, vino rosso
porcelain, red wine
100x80x20 cm
Collezione privata/*Private collection*

34
Short Sighted Mirror, 2002
specchio, motore, ferro
mirror, engine, iron
Ø 30 cm
Courtesy Magazzino Arte Moderna, Roma

35
Portrait of M.C., 2000
olio su tela
oil on canvas
200x200 cm
Courtesy Magazzino Arte Moderna, Roma

36
Portrait of J.D., 2000
olio su tela
oil on canvas
200x200 cm
Courtesy Magazzino Arte Moderna, Roma

37
Amore mio, 1994
modello in scala, fogli di giornali, motore
scale model, newspaper pages, engine
Collezione privata/Private collection

38
Ho Chi Minh, 2000
luci, cristalli, teschio finto
lights, crystals, fake skull
Courtesy Magazzino Arte Moderna, Roma

39
Armonia Meravigliosa, 2000
ninfee, acqua, terreno, creta rossa
water lilies, water, soil, red clay
Courtesy Magazzino Arte Moderna, Roma

40
Ghiaccio 9, 2002
ninfee in seta, acqua, polistirolo, lampada
silk water lilies, water, polystyrene, lamp
400x400x20 cm
Palazzo delle Papesse Centro Arte
Contemporanea, Siena

41
God Save the Queen, 1997
spartito
sheet music
formato A4
A4 format

42
Shy Plant, 1997
pianta (Fittonia), lampadina, fotocellula
live plant (Fittonia), light bulb, photocell
Collezione privata/*Private collection*

43
Sun Dam, 2001
parete in mattoni, luci, suono
brick wall, lights and sound
Galleria d'Arte Moderna e Contemporanea,
Bergamo

44
Dischi, 2001
plexiglas e dischi in vinile
Plexiglas, vinyl LPs
110x84x38 cm
edizione/*edition*: 1/3
Collezione privata/*Private collection*

45
Untitled, 1995
fotografia a colori
color photograph
52x80 cm
Collezione privata/*Private collection*

46
Ice cream, 1996
urina, acqua
urine, water
ghiaccioli
popsicles

47
Piss, 1996
raso tinto cucito a macchina (2 pezzi)
machine-sewn cloth (2 pieces)
116x116 cm; 97x68 cm

48
Notebooks, 2004
acquarello e pantone su quaderni
watercolor and Pantone on exercise books
30,3x21,7 cm
Collezione Piazza Sempione, Milano

49
Notebooks Californiani, 2003
pennarello e matita colorata su quaderni
felt-tip, colored pencil on exercise books
Courtesy Magazzino Arte Moderna, Roma

50
*This is What you Want, This is What you
Get*, 2003
biliardo con la planimetria del Palazzo della
Calcografia, Roma
*billiard table with groundplan of the
Palazzo della Calcografia, Rome*
tecnica mista
mixed media
270x238x109cm
Istituto Nazionale per la Grafica, Roma

51
Ritratto di G., 2003
fotografia a colori, vetro, cornice, neon,
legno, barattolo
*color photograph, glass, frame, neon,
wood, can*
80x200x12 cm
Collezione privata/*Private collection*

52
Ritratti di G & G, 2003
tecnica mista
mixed media
64x240 cm

53
After Love, 2003
tecnica mista
mixed media
760x680x380 cm
Courtesy Magazzino Arte Moderna, Roma

54
Poor National Cricket Club, 2003
marmo, erba e fiori
marble, grass and flowers
Courtesy CeSAC, Caraglio (Cuneo)

55
Armadio di Sylvie, 2003
armadio, acqua e piante di fragole
cupboard, water and strawberry plants

56
"Jesus's Blood Never Failed Me Yet", 2003
esterno: legno, neon
interno: sedia a sdraio, cestino carta riciclata,
fotografia a colori
exterior: wood, neon
interior: deck-chair, recycled paper bin, color
photograph
2,50x2,50x2,50 cm

57
Senza titolo, 2003
fotografia a colori
color photograph
140x84cm

58
Senza titolo, 2003
ombrellone e spray
beach umbrella and spray

59
Senza titolo, 2003
specchio con taglio ad acqua
water-cut mirror

60
Fog, 1992
nebbia artificiale/*artificial fog*

61
Mirage, 1996
CD
7"
Collezione privata/*Private collection*

62
Burning Mirror, 1998
acquarello e penna a inchiostro blu su carta
watercolor and pen and blue ink on paper
40x30 cm
Courtesy Magazzino d'Arte Moderna, Roma

63
Cartamodello, 1992
pennarello su carta
felt-tip pen on paper
100x70 cm
Courtesy Magazzino Arte Moderna, Roma

64
Casa dei Veti (Pompei), 2002
spray su tendone da stand plastificato
spray on plastified stand pavilion

65
Simeone fa Dracula. Stella fa Stella, 1992
inchiostro nero su cartoncino plastificato
black ink on plastified card
33x25,5 cm
Courtesy Magazzino Arte Moderna, Roma

66
Cane che vomita, 1992
olio su cartoncino telato
oil on canvas-line card
15x19,8 cm

67
Go Wherever You Want, Bring Me Whatever You
Wish, 2000
(particolare/*detail*)
acquarello e penna a inchiostro nero su carta
watercolor and pen and black ink on paper
50x70 cm
Courtesy Magazzino d'Arte Moderna, Roma

68
2000 litri d'Arno, 1995
(particolare/*detail*)
acqua
water

69
Stella Maris O.G.M., 2001
acquarello e penna a inchiostro nero su carta
watercolor and pen and black ink on paper
26x36cm
Courtesy Magazzino d'Arte Moderna, Roma

70
155 a.C., 2001
acquarello e penna a inchiostro nero su carta
watercolor and pen and black ink on paper
30x40 cm
Courtesy Magazzino d'Arte Moderna, Roma

71
Il Po e qualche ponte
L'accappatoio di Nietzsche
da/*from: Torino Notebooks*, 2004
pennarello e matita colorata su quaderni
felt-tip and colored pencil on exercise books
Courtesy Magazzino Arte Moderna, Roma

72
Risma 500, 1993
risma di carta da 500 fogli
ream of 500 sheets of paper
21x29,7x5,2 cm
Courtesy Magazzino Arte Moderna, Roma

73
Just a Kiss, 2001
cornice in legno, specchio e rossetto su
cartongesso
wooden frame, mirror and lipstick on plaster
40x20 cm
Collezione privata/*Private collection*

74
Libreria, 1995
libri e gomma da masticare
books and chewing gum

75
Le difficoltà sono soltanto locali, 1993
pollo e lampada
chicken and lamp

76
tip tap, 1995
video a colori/*color video*
3'05"77

77
Dallas, 1996
vetro e zucchero
glass and sugar
120x100 cm

78
Paesaggio blu n°3, 1992
acquarello ed ecoline su tela
watercolor and Ecoline on canvas
200x200 cm

79
Stella Maris O.G.M.
(Ocean Genetically Modified), 2001
terreno, legno, acqua, lampadina, fotocellula
terrain, wood, water, light-bulb, photocell
850x400x370 cm
Collezione privata/*Private collection*

Vedovamazzei (02.01.1991)

Stella Scala (1964)

Simeone Crispino (1962)

Vivono e lavorano a Milano.
They live and work in Milan.

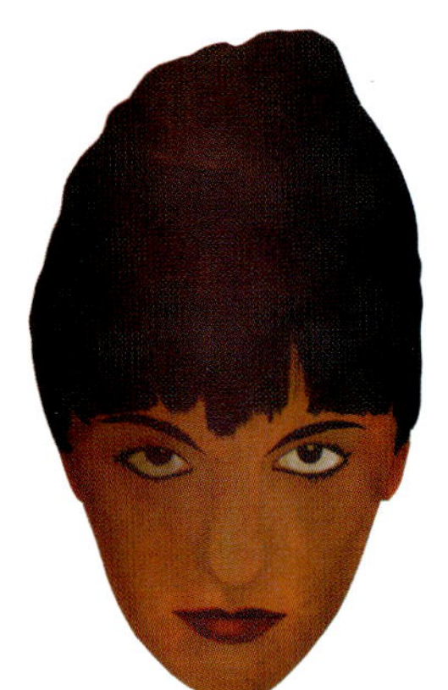

MOSTRE PERSONALI/SOLO EXHIBITIONS

1991
Institut Français de Naples, Napoli

1993
Galleria Fac-simile, Milano

1995
Studio Guenzani, Milano

1996
C/O Care of, Cusano Milanino, Milano

1997
Centre for Contemporary Photography, Melbourne*

1998
Studio Guenzani, Milano
British School at Rome, Roma

1999
Galleria Artra, Milano

2000
Armonia Meravigliosa, Magazzino d'Arte Moderna, Roma*
The Box Associati, Torino

2001
Processo alla natura, a cura di/*curated by* Giacinto Di Pietrantonio, Associazione Culturale La Marrana, Montemarcello, Ameglia, La Spezia
Eldorado, a cura di/*curated by* Giacinto di

Pietrantonio, Galleria d'Arte Moderna e Contemporanea, Bergamo

2002
Vedovamazzei - Caveau, a cura di/*curated by* Marco Scotini, Palazzo delle Papesse Centro Arte Contemporanea, Siena
Altre voci, Altre stanze, Magazzino d'Arte Moderna, Roma

2003
Vedovamazzei, a cura di/*curated by* Nadine Gomez-Passamar, Galerie du Cairne, Digne-Les-Bains*
Vedovamazzei, a cura di/*curated by* Andrea Busto, Il Filatoio, Caraglio, Cuneo*
Vedovamazzei, a cura di/*curated by* Ludovico Pratesi, Centro per le Arti Visive Pescheria, Pesaro*
This can't be Love, a cura di/*curated by* Marco Scotini, Galleria Artra, Genova
Napoli anno zero. Qui e ora, a cura di *curated by* Gianfranco Maraniello, Castel Sant'Elmo, Napoli*

2004
After Balance, Spazio Erasmus, Milano
Trace of B.K., Very Trolley Gallery, London
This is What you Want, This is What you Get, L'Officina della Calcografia, Vetrine alla Calcografia, Istituto Nazionale per la Grafica, Roma

* = mostra con catalogo/*exhibition with catalogue*

1990
Italia '90: ipotesi arte giovane, Fabbrica del Vapore, Milano

1991
Dadapolis, a cura di/*curated by* Gabriele Perretta, Sala Uno, Roma*

1992
Il cieco e il topo, Associazione Viafarini, Milano
Imprese Mediali, a cura di/*curated by* Gabriele Perretta, Forum Arte Contemporanea, Roma*
Membership, Associazione Viafarini, Milano

1993
Volto, Galleria Bordone, Milano

1994
Prima linea, a cura di/*curated by* Francesco Bonami e/*and* Giacinto Di Pietrantonio, Flash Art Museum, Trevi, Perugia
Oriente mediterraneo, a cura di/*curated by* Giulio Ciavoliello, Istituto Italiano di Cultura, Il Cairo*
L'invasione degli ultrapiccoli, a cura di/*curated by* Alessandra Galletta, Galleria Transepoca, Milano
Turbare il tempo, a cura di/*curated by* Saretto Cincinelli, Museo Nazionale Archeologico, Firenze
Fuori Orario, rai 3
Spazio Bondardo, a cura di/*curated by* Angela Vettese, Milano*

1995
Anni 90. Artisti a Milano, Galleria Credito Valtellinese, Milano*
Country Code, Bravin Post Lee Gallery, New York
Cose dell'altro mondo, Flash Art Museum, Trevi, Perugia*
Le mille e una volta, a cura di/*curated by* Laura Cherubini e/*and* Giacinto Di Pietrantonio, Galleria d'Arte Moderna, San Marino
Campo '95, a cura di/*curated by* Francesco Bonami, Le Corderie, Venezia; Fondazione Re Rebaudengo, S. Antonino di Susa, Torino; Konstmuseum, Malmö
Beyond the borders, Kwanjiu Biennal, Kwanjiu, (Korea)*
Logique Imparables, aperto '95, FRAC Fond Règional d'Art Contemporaine Languedoc-Roussillon, Montpellier

1996
Controfigura, Studio Guenzani, Milano
To Die by One's Own Hand, a cura di/*curated by* Marco Samoré, Spazio Link, Bologna
Senza uscita, a cura di/*curated by* Federico Tanzi-Mira, Openspace Arengario, Milano*
Versus II, Associazione Velan, ex Lanificio Bona, Carignano, Torino*
A Stable Unsatisfactory Relationship, Spazio Link, Bologna
June, a cura di/*curated by* Gianni Romano, c/o Cafè Atlantique, Milano
Electronic undercurrents, Danish National Gallery, Copenhagen*
Art is Ice Cream, Spazio Vigentina, Milano

Adicere Animos, a cura di/*curated by* Alice Rubbini, Comuni di Cesena, Cesenatico, Forlì*
4x2, Galleria Caterina Fossati, Torino
Mutoidi. Mutazione Rarefazione Sparizione, Maschio Angioino, Napoli
Moby Dick, a cura di/*curated by* Rita Selvaggio e/*and* Stephen Foster, Arsenali Medicei, Pisa
Moby Dick, John Hansard Gallery, Southampton*

1997
Exelisis, a cura di/*curated by* Alice Rubbini, Fondazione Melina Merkoury, Atene*
Fatto in Italia, a cura di/*curated by* Paolo Colombo, Centre d'Art Contemporain, Genève; ICA, London*
Popolarte - L'arte per Radio Popolare, Galleria Fac-simile, Milano
Trash, a cura di/*curated by* Lea Vergine, Museo d'Arte Moderna e Contemporanea, Trento*
Fuori uso, a cura di/*curated by* Giacinto Di Pietrantonio, Pescara
Openstudios 1997, a cura di/*curated by* Giacinto Di Pietrantonio, Magazzini Generali, Milano

1998
Fast Forward, a cura di/*curated by* Giovanna Amadasi, ICA, New York
Selection video made in Italy, a cura di/*curated by* Giovanna Amadasi, ICA, Boston
Lepisma Saccarina, a cura di/*curated by* Cristiana Perrella, Magazzino d'Arte

Moderna, Roma
Attitudes extra-muros sur invitation de chez l'un l'autre, Galerie Anton Weller, Paris

1999
Mayday, a cura di/*curated by* Marc-Olivier Wahler, Centre d'Art National, Neuchâtel
Exit international artist-made film and video, Chisenhale Gallery, London

2000
Over the Edges, a cura di/*curated by* Jan Hoet e/*and* Giacinto Di Pietrantonio, SMAK - Stedelijk Museum voor Actuele Kunst, Gent*
3Raume 3Flusse, a cura/*curated by* Jan Hoet, Hann Munden*
Ou sont les hommes?, FRAC Fond Régional d'Art Contemporaine Languedoc-Roussillon, Montpellier
Migrazioni e multiculturalità, Premio per la Giovane Arte Italiana, Centro Nazionale per le Arti Contemporanee, Roma*
Balade en sol mineur, une sélection des œuvres du FRAC, Fond Régional d'Art Contemporaine, Languedoc-Roussillon, Montpellier
Soggettività e Rappresentazione, a cura di/*curated by* Giorgio Verzotti e/*and* Francesco Bernardelli, Museo d'Arte Contemporanea del Castello di Rivoli, Rivoli, Torino
Perché?, a cura di/*curated by* Giacinto Di Pietrantonio, Magazzino d'Arte Moderna, Roma/Milano

2001
Panorama film & video "Clash or jam" KINO-mobiel, Museumtuin/Museum Gardens, Utrecht
Comunicación entre las Artes - Videorom, a cura di/*curated by* Cristiana Perrella, La Bienal de Valencia, Valencia
"Magic and Loss" Contemporary Italian Video, Lux Centre, London
The Art is a Fifth Element, Premio Querini Stampalia - Furla per l'Arte, II edizione, Fondazione Querini Stampalia, Venezia*

2002
Camere con Vista, a cura di/*curated by* Andrea Busto, CeSAC, Caraglio, Cuneo*
Verso il Futuro, a cura di/*curated by* Ludovico Pratesi e/*and* Costantino D'Orazio, Museo del Corso, Roma
Next Art - Venti musei scelgono l'arte del futuro, a cura di/*curated by* Ludovico Pratesi, Sala Murat, Bari
On/Of, Galleria Vistamare, Pescara
3ème Biennale de Montréal, a cura di/*curated by* Claude Gosselin, Montréal

2003
Confini, Il Filatoio, Caraglio, Cuneo*

2004
Elettricità, Palazzo di Primavera, Terni (Premio Città di Terni)*
Settlements, s'approprier un lieu, Musée d'Art Moderne de Saint-Étienne Métropole, Saint-Étienne*

BIBLIOGRAFIA
BIBLIOGRAPHY

1990
Gabriele Perretta, "Segnali da Napoli",
Flash Art, n. 158, ottobre-novembre

1991
Giuliana Videtta, "Dadapolis in memoria di
Carlo Alfano", *Il Mattino*, 5.3.1991
Gabriele Perretta, in *Flash Art*, n. 164,
ottobre-novembre

1992
Roberto Pinto, "Vedovamazzei", *Flash Art*,
n. 168, giugno-luglio
P. Gioioso, in *Segno*, n. 111-112

1993
Grazia Torri, "Non-profit art", *Abitare*, n. 314
Roberto Pinto, in *Flash Art*, n. 177, estate
I. Puliafito, in *Art Vision* (special edition -
Italian art scene), Giappone, vol. 21/3,
autunno

1994
Roberto Pinto, in *Flash Art*, n. 182, marzo
Carolyn Cristov-Bakargiev, "Giovani di
Prima Linea", *Il Sole 24 Ore*, suppl.
Domenica, 24.4.1994
Antonella Marino, "Prima linea", *Segno*,
n. 133, maggio-giugno
A. Querci, "Vedovamazzei", *Flash Art*,
n. 188, novembre
Arianna Di Genova, "Ventitrè artisti in
strada e in tv", *Il manifesto*, 21.12.1994
Alessandra Galletta, "Il luogo comune", in
Annual Bagno, ed. Edmond, Milano

1995
G. Ciavoliello, "Vedovamazzei", *El Guia*,
Barcelona, anno VIII, n. 5-6,
Cloe Piccoli, "I miracoli andati a male di
Vedovamazzei", *La Repubblica*, 1.6.1995
Marina Mojana, "Quegli under 30 vanno
seguiti", *Il Sole 24 Ore*, suppl. *Domenica*,
n. 154, 11.6.1995
Jen Budney, "Vedova Mazzei", *Flash Art*,
n. 194, ottobre-novembre
Lucia Spadano, "Simboli & favole", *Segno*,
n. 143, ottobre-novembre
Giorgio Verzotti, " Vedovamazzei",
Artforum, n. 4, December
Andrea Santarlasci, "Moby Dick", *Flash
Art*, n. 195, dicembre-gennaio

1996
Cloe Piccoli, "Niente di personale per
artisti under 30", *La Repubblica*, 16.2.1996
Francesco Bonami, "Biennale di Corea",
Flash Art, n. 196, febbraio-marzo
Giorgio Verzotti, "Il mondo così com'è",
Flash Art, n. 198, giugno-luglio
Susanna Legrenzi, "Una raccolta di
sguardi", *Corriere della Sera*, suppl.
Io Donna, n. 13
Laura Guglielmi, "Tecnoarte", *La
Repubblica*, suppl. *D la Repubblica delle
Donne*, 1.10.1996
Viviana Gravano, "Il chi è delle gallerie
italiane di fotografia", *Il Giornale dell'Arte*,
n. 149, novembre, suppl. *Speciale Fotografia*
Giorgio Pestelli, "Insolito Ravel", *La
Stampa*, 30.11.1996

1997

Francesco Bonami (a cura di/*curated by*),
Echoes, The Monicelli Press, New York
Laura Guglielmi, in *La Repubblica*, suppl. *D
la Repubblica delle Donne*, 4.3.1997
Cloe Piccoli, *Fuori uso*, catalogo della
mostra/*exhibition catalogue*, Pescara
Robyn Mckenzie, "The nightmare of
modern life", *The Age*, May, c7
Mario Serenellini, "Macedonia estiva
formato giovani", *La Repubblica*, 5.6.1997
Giorgio Verzotti, "Opening Vedovamazzei",
Artforum, Summer
M. Coomer ,"Where the art is", *Time Out
London*, October 29 - November 5
Deborah Hennessy, "Vedovamazzei", *Like*,
n. 3, Winter

1998

Adriana Martino, "Fuori uso '97", *Flash Art*,
n. 207, gennaio
John Slyce, "Made in Italy", *Flash Art
International*, n. 198
Giacinto Di Pietrantonio, "Vedovamazzei",
Flash Art, n. 209, aprile-maggio
"La brutalità della vita nelle opere di
Vedovamazzei", *Il Tempo*, 15.10.1998
Arianna di Genova, "Bambini da cucinare
al ragù", *Il Manifesto*, 4.11.1998
Susanna Legrenzi, "I giovani e l'arte",
Corriere della Sera, suppl. *Io Donna*,
anno III, n. 43

1999

Stefano Chiodi, "Vedovamazzei", *Tema
Celeste*, n. 5, gennaio-febbraio

2000

Mariuccia Casadio, "Art beads", *Vogue
Italia*, n. 604, aprile
Caroline Corbetta, "Events", *ibid.*
Stefano Chiodi, "Vedovamazzei", *Tema
Celeste*, aprile
Angela Vettese, "Vegetali concettuali e
ninfee col dripping", *Il Sole 24 Ore*, suppl.
Domenica, 11.6.2000
Mariuccia Casadio, "Contronatura", *Casa
Vogue*, n. 4 *"En plein Air"*, giugno, pp. 94-101
Jan Hoet, Giacinto Di Pietrantonio, *Over
the Edges*, catalogo della mostra/*exhibition
catalogue*, SMAK - Stedelijk Museum voor
Actuele Kunst, Gent
Giacinto Di Pietrantonio, in *3Raume
3Flusse*, catalogo della mostra/*exhibition
catalogue*, Hann Munden
Cristiana Perrella, *Armonia Meravigliosa*,
catalogo della mostra/*exhibition catalogue*,
Magazzino d'Arte Moderna, Roma
Anna Detheridge, "Un giardino senza
giardiniere", *Il Sole 24 Ore*, suppl.
Domenica, 30.7.2000
Francesca Giuliani, "Arte Giovane nelle ex
caserme", *La Repubblica*, 9.12.2000
Francesca Giuliani, "Festa d'arte", *La
Repubblica*, 16.12.2000
Cloe Piccoli, "Ragazzi da museo", *La
Repubblica*, suppl. *D la Repubblica delle
Donne*, n. 229
M. R. Spadaccino, "Editori e ministri
all'happening nel museo", *Corriere della
Sera*, 16.12.2000
Angela Vettese, "In cerca di gloria sulle
piazze internazionali", *Il Sole 24 ore*, suppl.

Domenica, 17.12.2000
Angela Vettese, "Mirando al centro", ibid.

2001

Il Giornale dell'Arte, n. 195, gennaio, suppl.
Vernissage, anno II, n. 12
Marco di Capua, "La nuova stagione
dell'arte italiana", *Panorama*, n. 4, 25.1.2001
Stefano Casciani, "A Roma un manifesto
per l'arte", *Domus*, n. 834, febbraio
C. Colasanti, "Migrazioni ed acquisizioni",
Flash Art, n. 226, febbraio-marzo
Lidia Panzeri, "Le novità dei giovani alla
Querini", *Il Gazzettino*, 18.3.2001
Caroline Corbetta, in *Vogue Italia*, marzo
Lidia Panzeri, "L'arte come quinto
elemento", *Il Giornale dell'Arte*, n. 198,
aprile
Sonia Campagnola, "Un premio se sei
italiano", *Flash Art*, n. 227, aprile-maggio
Susanna Legrenzi, "Un premio lungo un
anno", *Corriere della Sera*, suppl. *Io Donna*,
n. 18, 5.5.2001
Susanna Legrenzi, "Coppie creative:
l'opera d'arte nasce in tandem", *Corriere
della Sera*, suppl. *Io Donna*, n. 19,
12.5.2001
"Roma: Migrazioni", *Abitare*, n. 404
"Il centro per le arti contemporanee di
Roma", intervista a/*interview to* Paolo
Colombo, *Arte e Critica*, n. 25

2002

Ludovico Pratesi, Costantino D'Orazio (a
cura di/*curated by*), *Verso il Futuro*,
catalogo della mostra/*exhibition catalogue*,

Charta, Milano
Elena del Drago, "Un altro spazio è possibile", *Il manifesto*, n. 155, 4.7.2002
Valentina Tanni, "Vedovamazzei", *Time Out Roma*, luglio-agosto, p. 73
Stefano Casciani, "Cose Stupefacenti", *Domus*, n. 851, settembre, pp. 23-26

2003
Gabi Scardi, "Nel buio affiorano la vita e la morte", *Il Sole 24 Ore*, suppl. *Domenica*, 5.1.2003
Laura Vecere, "Vedovamazzei. Paesaggi geneticamente modificati", *Segno*, n. 188, gennaio-febbraio, p. 38
Eugenio Viola, "Napoli Anno Zero" *ibid.*, p. 44
Ermanno Krumm, "Ricerca dell'imprevisto in laboratorio. Per due", *Corriere della Sera*, 23.5.2003
Andrea Busto (a cura di/*curated by*), *Vedovamazzei*, catalogo della mostra/*exhibition catalogue*, Il Filatoio, Caraglio, Cuneo, ed. Marcovaldo, Caraglio, Cuneo
Mirta d'Argenzio (a cura di/*curated by*), *Storia naturale di Vedovamazzei*, Trolley Ltd., London
Andrea Busto (a cura di/*curated by*), *Confini-Wundercontemporary*, catalogo della mostra/*exhibition catalogue*, Il Filatoio, Caraglio, Cuneo, ed. Marcovaldo, Caraglio, Cuneo, pp. 69-86
Gianfranco Maraniello, *Napoli anno zero. Qui e ora*, catalogo della mostra/*exhibition catalogue*, Castel Sant'Elmo, Napoli, ed.

Electa, Napoli
"A Palazzo delle Papesse", *Flash Art*, n. 237, dicembre 2003 - gennaio 2004, p. 54

2004
Maria Cristina Tommasini, "Rassegna", *Domus*, febbraio, pp. 128-29
Mariuccia Casadio, "c/o Vedovamazzei", *Vogue Italia*, n. 644, aprile, suppl. *Casa Vogue*, n. 19
Luigi Fassi , "I confini dell'Arte", *Flash Art*, n. 245, aprile-maggio
Alex Poulson, "Forza Roma!: Art in Rome", *Dazed and Confused*, n. 13, May, p. 88
Sally O'Reilley, "Vedovamazzei", *Time Out London*, 7-14 July, p. 49
Giuliana Stella (a cura di/*curated by*), *Elettricità*, catalogo della mostra/*exhibition catalogue*, Palazzo di Primavera, Terni, ed. Arti Grafiche Celoni, Terni
Lorand Hegyi (a cura di/*curated by*), *Settlements*, catalogo della mostra/*exhibition catalogue*, Musée d'Art Moderne de Saint-Étienne Métropole, Fage Éditions, pp. 89-91

finito di stampare nel settembre 2004 da Garabello Artegrafica, San Mauro Torinese